田根 剛
アーキオロジーからアーキテクチャーへ

聞き手：瀧口範子

リサーチをする

リサーチを繰り返しながら、
未来へ向かう衝動の力を蓄えるんです。

—— 田根さんは、どのプロジェクトでも設計を始める前にチームでリサーチをします。建築家によっては、街並みなどの周囲のコンテキスト（文脈）からデザインを導き出すような手法もありますが、田根さんの場合は歴史とか宇宙とか、建物が存在する根源や意味のようなものをリサーチで探っているように見えます。

コンテキストという方法で状況を設定したり、その状況を読み解いたりすることは、あまり興味がないかもしれません。むしろ空間であれ時間であれ、その間を僕らが自由に動き回れる方が面白い。同じプロジェクトでも、時間軸を過去3000年前まで戻してその時代から想像を始めるリサーチもあれば、未来まで飛んで、データセンターが産業の遺跡になっているような時代を想像することもある。今、オフィスビルが遺跡になりつつあるように、です。そんなふうに時間や空間を僕たちが自由に行ったり来たりしながら、コンセプトを構想していくのです。

—— そうして時空を行き来しながら、何かピンと来るものを探しているんですよね？

ものをつくるには衝動が大切です。それは自分たちの本心から生み出されなければならないと考えています。これだけ膨大な情報が手に入る時代では、創作の方法が多様化し、衝動の意味がすっかり変わってきている。リサーチを繰り返しながら生まれてくるのは個人の衝動じゃなくて、

3

未来へ向かう衝動の力を蓄えるみたいなことなんです。「これだ!」と思うための、僕たちの思いがどれだけ強くなれるか。そのためにリサーチをやっているんだというのが、最近の実感です。

—— そもそもリサーチを始めたきっかけは何でしたか。

2009年夏ごろでしょうか。エストニア国立博物館のコンペに勝って、建築事務所DGT.(Dorell Ghotmeh Tane)をパリに共同設立し、いくつか惜しいコンペで負けたりしていたころです。エストニアは初めてのコンペで、滑走路から延びていくミュージアムというイメージも含めて思い切ったコンセプトで勝ったプロジェクトでした。それから2〜3年経って、僕とスタッフ数人のチームでデンマーク自然科学博物館のコンペを手がけていました。その中で、コペンハーゲンの街の歴史や自然科学史、ミュージアムの歴史などを掘り下げていったんです。すると、知らないことがどんどん出てきて、敷地の意味が深掘りされていく。僕も一緒にやっていたインターナショナルなスタッフも、それまではデザイン中心の議論ばかりしていたのですが、リサーチによって頭の中の思考が資料を貼り付けた壁に投影されはじめ、すごく見えやすくなった。「これは面白い!」と感じました。そこから考古学のように「アーキオロジー」という掘り下げていく仕事と、「アーキテクチャー」というつくり上げていく仕事がひとつにできるんじゃないかという実感があった。いきなりデザインから始めるのではなく、まずその場所にある情報、その場所の記憶を掘り下げていって、そこから意味を引き上げていく。忘れ去られたものの中に未来に強くつながる記憶がある。アーキオロジーとアーキテクチャーをひとつにすることができるなら、僕たちは一生いけそうだ、という手応えがありました。

―― 通常アーキオロジー（考古学）では、克明に調べて史実を組み立てていくのですが、田根さんの場合は掘り下げつつ自分たちの琴線に触れるものを求めているわけですよね。

その定義は微妙に難しいところですね。ただ歴史では、誰かがある時代に過去を記述して系統立てられたものが史実として残っていきます。一方、僕たちが記憶と呼んでいるのは、歴史の軸には入ってこないけれども、その土地の物語として残されているものとか、現在では途絶えてしまったけれども、断片的な記憶として見れば伝わってくるといったものです。掘り下げ調べていくうちに、直接には関係ないものが連想ゲームのように思考の中で連結され意味をもち始めたりもする。

―― そういう点在するものから何かを読み取るのは、田根さんたちチームの力にかかっていると言えますか？

そこは創造的飛躍をする力が一番必要になるところです。東京オリンピック新国立競技場のコンペでも、僕たちは古墳の森の中に収まったスタジアムを提案しました。競技場のコンペなので、古墳なんてまったく関係ありません。しかし、明治天皇崩御後につくられた明治神宮の外苑は、過去100年間でいろいろな時代のパッチワークによって元々の意味を失ってしまった。そこで古墳という古代の力、日本のピラミッドのようなものが神宮にできることによって、それを取り返せる力をもつのではないか。突然古墳が出てきたように見えたでしょうが、実はたどり着くまでのリサーチがあって、そこには記憶の力が働いているのです。

―― 古墳という言葉を使ったり古代の形を利用したりすると、うわべを借りただけと誤解されるリスクはありませんか。そうした誤解を防ぐ方法

はありますか。

そうですね。ここは半々くらいで、リスクがあるからこそ魅力があるのかなと。半分物議が出たとしても、僕にとって重要なのは、記憶が未来につながっているかどうか。単純に見た目のイメージではなく、古墳の意味がプロジェクトの提案の中に入っているかどうか。建築というのはそんなに単純化できるものではないと思っています。エストニア国立博物館でも、軍用滑走路という負の遺産を利用するという点ではあってはならない提案だったかもしれない。しかし、そこに未来の可能性を感じてもらえるのであれば実現できる。未来の意味につながるかどうかが重要なのです。

—— リサーチは具体的にはどのように始まるのでしょうか。プロジェクトを前に、「さあ、探しに行こう」と掛け声をかける感じですか。

新しいスタッフによく伝えるのは、まず「事件が起きた」と想像しよう、と。利用方法や敷地の条件もあるなかで、プロジェクトの核心になりそうなことはそれほど多くないものです。緊急捜査会議みたいな感じで、条件を洗い出しそこから考える。ちょうど今、パリでレストランの設計を進めていますが、ここでのリサーチはまず「What is eating?（食べるとは何か？）」から始まり、パリの家族のダイニングのあり方とか、食べるためにわざわざ家から出かけていく場所であるレストランがいつ生まれたのかとか、フランスの食の歴史を調べたりしました。ダイニングは家族であれ社交の場であれ、社会を反映する時間共有のあり方なので、社会的な態度が現れます。テレビを見ながら食べるという家族もあれば、その日あったことを話したりする家族もある。そういった現代のビヘイビアを反映する食べる場所のあり方を考えたりもしました。

—— いろいろな角度から何か核になる手がかりがないかを探す感じですね。

レストランの名前が「Maison」なのですが、施主がシンプルな家形の物件を見つけてきたところから依頼がありました。パリ市内でそんな家形の場所が与えられるのならば、とフランスの家庭生活の歴史的変遷を調べたりもしました。そして、レストランの中で野菜や果物を育てるのはどうだろうかと思い、土を使いたいという提案をしました。予算も限られていたので、それを逆手に取って地面を土にして、レストランを畑にして野菜を育てればいい、と。半分冗談のようですが、本気になっていろいろ進めていました。ただ最終的にはバクテリア処理などの衛生的な問題があり、今回はあきらめました。

—— 食のビヘイビアからメゾンになって、それが家庭菜園につながったというわけですね。

そこから再びリサーチに戻り、テラコッタに出合った。テラコッタとは「焼いた土＝焼く（cotta）土（terra）」という意味です。古代から使われてきた素材で、フランス各地域でいろいろなタイプが焼かれてきました。そこで、フランス中から古材となったテラコッタをかき集め、床から壁まで全部そのタイルで敷き詰められないかと考えているところです。そんな感じで、リサーチは事件現場の断片的なキーワードを手がかりにして、捜査のようにああかもしれないこうかもしれないと可能性を延ばしていく。すると、どこかで犯人のような匂いがしてくる。直感みたいなもので、そこへ好奇心で向かっていく。何か「来た！」と感じられるものを発見すれば、それがアイデアに発展して、「これで行ける」と確信できる。

—— こっちの方が犯人の匂いがするぞという時、田根さんやスタッフは

どんなものに食指が動くのでしょうか。

判断基準となっているのは、意味があるか意味がないかです。僕は、物事には意味があるけれど、単なるデザインには意味はないと思っている。意味のないものに形や色だけを与えても仕方がない。そこに概念や思考があり、それをちゃんと敷衍できるか。最初は具体的でなくとも、コンセプトにグッと近づけそうなものがそこにあるかないかが重要なんです。また、意味は記憶と密接に結びついている。「食」に関して言えば、作物は大地がないとつくれない。大地と食べることが一緒になって、土は屋外のものだけど屋内に使いたい。土の意味がこれからの時代の食とつながり、レストランをつくることにつながって、たとえインテリアであろうと、土を使わないわけにいかないという思い込みが生まれてくるわけです（笑）。

―― テラコッタは土の代替というわけですか。

むしろ、土を「焼く」というのも料理っぽくていいなと思いました（笑）。でも、テラコッタでも発見がありました。19世紀の産業化が起こった際、フランスのテラコッタの職人たちが、自分たちの手仕事を守るために四つ角を落として六角形にしたのです。機械では四角のタイルは製造できますが、六角形はできない。だから、機械ではつくれないもので自分たちの伝統を守ろうとした。そういう六角形のテラコッタがフランスの伝統となり、特に地方にいっぱいあって、僕らはそれを使おうということになった。そういう記憶のストーリーがあって、コンセプトが決まっていくことが多い。

―― リサーチにはどのくらいの時間をかけますか。

2〜3週間です。ただ、リサーチしてある程度方針が決まってから形にしてみると、「これは違う……」ということも多い。コンセプトが決まって、それをそのまま形にするというより、行ったり戻ったりを何回も繰り返します。六角形のテラコッタも、最終的にたどり着くまで結局4か月くらいかかっている。代わりにセラミックのタイルにしてみたら、何か違うなあと感じつつ、その方向も残しておいたりする。予算の都合があったり、クライアントにダメと言われたり。ギリギリまで考えました。ただ土は何とかして使いたいと、ずっと考えていた。

—— リサーチと設計の間に、模型をたくさんつくって検討するスタディの段階があるわけですね。

リサーチは、ある種基礎トレーニングみたいなところがあります。全員でワーッとリサーチをして、この方が面白いんじゃないかというのがわかった上で、スタディを一気に進める。リサーチの中で考えたことがある程度ベースになって形ができるので、最初から各人が勝手にアイデアを出して突き進んでいくスタディとは全然違うことが起こる。

—— リサーチはコンセプトを求めるものであり、チームの知識を共有するためのものでもある……。

脳内の情報を同期するというか。リサーチで共有したものが、自分たちの中で情報として蓄えられている。反対にリサーチがないと、それぞれが格好いいと思うデザインや好きなデザインなどに左右され、個々の裁量でその質もバラバラの方向へ進んでいってしまいます。一方、リサーチで膨大な情報を集め、ものごとを深く考えることから始めると、随所で「そっちの方が意味あるんじゃないか」という判断がつく。対象を判断

する基準や出てくる結果が全然違うなという感じがします。

—— リサーチではビジュアル資料もたくさん使っています。ここでは史実とともに、空間のアイデアや形のインスピレーションも求めているのでしょうか。

具体的にはそれはないですね。あくまで考古学的に研究をするのが目的です。でもかなり調べていくので、無意識に何かが入っていたりするかもしれません。あとで完成したものを見ると、こういうものもあった、とどこかでつながっていたりする。

—— チームでリサーチ結果を話し合う際には、言葉でストーリーを説明するのですか。

実はリサーチ資料のイメージの裏には、100字程度で端的にまとめた文章を記述するルールになっています。ですからビジュアルリサーチというよりは「この民家はどの時代のどこどこの集落にあって、こんな生活体系があった」という調査結果がバックにある。そうしたことを、ひたすらチームで発表し合うんです。そうすると、プロジェクトチームは、ビジュアルを見ながらものごとの背景が頭の中に入っていく。結構緻密な研究があって面白いんですよ。

—— 絵が面白いというのではなく、なぜこれを選んだかの理由も書かれているわけですね。

そうです。それもウィキペディアのようなところから調べただけでなく、2、3以上のソースから得た情報を簡潔な一文でまとめて発表し情報共

有すると、そこで聞いたエピソードはなかなか忘れなかったりもします。反対に、すぐに忘れてしまうようならば大したエピソードではなかったという判断で、生き残りにかけるという感じですね。

—— 建築家としての教育を受けていれば、リサーチの技能もあるものでしょうか。

そうでもないですね（笑）。これには向き不向きがある。新しいスタッフの場合は、1回やってもらいます。その時に、ただ言われたのでやりましたではなく、知らないことを探し出そうとするかどうか。知っていることを疑い、深く掘り下げて調べようとするか。知らないこととか驚きがあるものを、体系的に整理する能力が必要になります。

—— リサーチは、プロジェクトに関わるスタッフが全員でやるのですか。

最近はそこを考えなきゃいけないと思っています。リサーチにはけっこう労力と時間もかかる上、知的好奇心があるかないかで結果も違ってきます。全員でやっても、いい結果が出るとは限りません。反対に、うまいスタッフがやるとどんどん発展していく。鼻が利くとか探索力が高いということもありますが、単純に基礎知識としてこの時代のものは前提条件なので考古学にはならない、とわかっているか。特に建築では近代建築以降は不要で、それ以前のものをリサーチします。今さら知っているものを見せられても面白くないので。

—— 近代建築の中には記憶はないのでしょうか。

近代建築は僕たちの世代の知識の基礎であり基盤でもあるのですが、

僕はそれ以前の世界の方に可能性があると思っているんです。近代建築の教育を受けて、そこにこそ次の時代の社会や未来を動かす力があると思い込んでいたんだけれども、今はその先が見えないという実感がある。というのも、近代は記憶をもたずに新しさだけで突き進んでいた。機能的で、歴史や場所からも解放され、空間の量が増やせた。けれども今、そんな近代建築が壊され始めているのです。近代建築は本来の建築の価値を見失ったのではないか、そこから僕たちのリサーチのスタートがあった。そして辿り着いたのは、建築とは記憶ではないか、ということです。それがあれば、時代を乗り越える建築の力が問い直せる、と。

—— リサーチの方法に慣れて、効率が良くなってきたというところはありますか。

相当な数をこなしたので、蓄積された経験によって要領は良くなってきましたね。ただ、このリサーチで重要なのは、発掘作業によって毎回驚きを発見できるかどうかという点です。それがあれば、探していくにしたがって「こんなの見つけた！」とチームが喜びをもって話したり、みんなが「すごいね」と盛り上がったりするんです。

—— 記憶とノスタルジーの違いは何ですか？

ノスタルジーや思い出は過去に属するものです。一方、記憶は未来に属する。記憶は過去だという認識が強いのですが、記憶には何かを予期するとか、予知するという力が含まれているんです。ということは、僕らは記憶がなければ未来がつくれない。記憶がなければ言葉もしゃべれないし地図もつくれない、行動もできない。すべてを失っても生きていこうとする力を目にした時、物質ではない記憶の力がどれだけ人の生きる力

になっているのかを痛感します。

―― コンピュータ時代には、必要な情報はその都度引き出せばいいですよね。そういう情報と記憶との関係はどのようなものですか。

これだけ膨大な情報に溢れた時代では、記憶こそ人間にとって一番強い情報なのではないかと思います。人間の脳が覚えられる情報の量は1ペタバイトくらいだそうです。今後はAIや量子コンピュータが開発され、情報量は増えていく。でもコンピュータは過去の情報を集積し演算する装置です。一方、記憶はそれを全部つなぎ、連想し発想して、未来に結びつけることができる。その意味では、記憶は最もクリエイティブなことができる情報なのです。

―― 記憶は無尽蔵で、一定の形をもちません。扱いにくい対象でもあります。それをどう見極めますか。

記憶と言っても、単純にこの人の記憶という個人のものではなくて、建築では集合記憶が意味をもつ。時代や場所がもつ記憶は集合記憶にあるのではないかと思うのです。エストニア国立博物館の敷地に隣接していた軍用滑走路でも、そこには個人のものというよりは、エストニアの人びと全体がもつ記憶やソ連軍の記憶もあるし、ある人の子ども時代の街の記憶としても残っているでしょう。何かしら共有する意味を伴った記憶がそこにはある。つまり、単純にひとつの方法で理解するというよりは、そうした集合的な記憶が軍用滑走路にはある。そうしたところに建築にとっての意味があるんじゃないか、と。

エストニア国立博物館

屋根と床の2枚の板、
民族の伝統が浮かび上がるガラス空間だけは
実現させたいと思っていました。

—— そのエストニア国立博物館ですが、エストニアにとっては過去の負の遺産である軍用滑走路を未来への飛躍に転換するようなコンセプトが画期的でした。建築家の仲間3人で国際コンペに応募して優勝した後、実際のプロジェクトはどのように進められたのでしょうか。まだ自分たちの事務所すらできていない状態でしたね。

エストニア国立博物館は、自分の20代後半から30代までの人生を注いだプロジェクトです。優勝したものの、現代的な建築だったことやかつての軍用滑走路を使ったことで批判を受けスキャンダルを起こしながらも、幸い契約を結べそうだということで、独立してパリに事務所を設立しました。当時26歳で、実務経験も2年くらいしかありません。ましてやこんな大規模プロジェクトはやったことがない。それでも知らない、わからないとは言えない状況で、ともかく前に進まなきゃならない。かつ、エストニアにとっても旧ソ連からの独立後初めて建設する国家プロジェクトで、加えて建築契約システムもヨーロッパとはまた違っていたんです。建築家の役割が確立されていなかったり、古い仕組みが残っていたり。契約条件を詰めるのに1年もかかりました。

—— デザインも斬新です。契約締結後はスムーズに進みましたか。

契約締結後、最初に連れていかれたのは地元の大学です。まず、構

造の専門家や研究者らから、エストニアは寒くて湿気があるからデザインを変えろと講義を受けるんですね。ガラスの建築は結露が出る上、エネルギー効率が非常に悪い、と。当初は外壁の70％近くがガラスだったんですが、最終的には70％がコンクリートで閉じていて、ガラスは23〜25％ぐらいと逆転した。それでも全体的に開放的な構成にはできたと思っています。その後は月に1〜2回、現地でのミーティングがあり、その都度ミュージアム側がいろんな変更ポイントをワーッと書いてくるんです。毎回行くたびに、まだこれができていません、これもダメですと厳しくチェックされる。基本設計で何度もデザインをやり直すのですが、ダメ続きでどんどん合理化されていってしまう。

—— たとえコンペで勝っても、建築家のデザインはあくまでも下敷きといった位置付けなんでしょうか。

そうですね。コンペ時の要項と比べて、設計が始まってからのクライアントの要望はより具体的になり、それに応えていかなくてはならない。その一方で、突然ゼネコンの人たちが来て、あなたたちのデザインでは高くてつくれないからもっと削れと言われたりしました。どうして入札前にゼネコンが来て、勝手に予算をコントロールしているんだろう、と。力があるゼネコンがどこかで国の予算を聞き、建築家に会わせろと押しかけてきて会合がアレンジされたのかもしれません。そうした建設業の仕組みもよくわかっていなかった。そうやっていろんな人たちが出入りしながら、プロジェクトが進んでいったのですが、片やミュージアム内からも100人のスタッフの意見がバラバラとやってくる。ワークショップを開いて最初は図面でやりとりしていたものの、やはりらちが明かず、模型をパリから持ち込んでどういう空間なのかを説明したら、話が急にスムーズになりました。それでも、まあ遠慮なしにもっとああしたいこうしたいと、グイグイと

押され続けるんですよね。そこに対抗するすべをあんまりもたず、くやしいなと思うばかりでした。

—— それまでの建築事務所での経験では、そういう場所に立ち会うことはなかったのですか？

なかったですね。クライアントへプレゼンしたり契約の内容を交渉するのは、プロジェクトマネージャーやトップがやる仕事で、僕はインハウスで図面作業を進める立場でしかなかった。それがいきなり国を相手にしなければならなくなった。まあ、無我夢中で本当によくやったな、という感じですね。

—— いきなりキャパを広げたという感じですよね、多分。

そうですね。今、事務所の20代後半の若いスタッフを見て、彼らに国家プロジェクトを任せられるかなと想像してみると、「アイデアはすばらしいけど本当にできるの？」と感じずにはおられません。当時の僕らはともかく目の前にあることに一生懸命で、今から思うと経験がないというのは逆にいいことだったかなとも感じます。一つひとつが初めての経験で、すべてに本気になることを求められた。そうして手探りしながら乗り切ろうとするのですが、クライアント側のエンジニア系の担当者から効率が悪いとか無駄遣いなどと言われて、現実的なところにどんどん引っ張られる。こんな規模の建築はエストニアにはこれまでなかったので、想像力のギャップもあったと思います。そうした現実的な理屈に対してもっと強く夢を広げるすべがなく、何度も叩かれ、落ち込みました。

—— 初めての国家プロジェクトだった上に、ヨーロッパとのやり方の差

もある。

そうこうしていたら、突然、タルトゥ市郊外のラディの区長がやって来た。博物館はタルトゥ市の管轄ですが、隣の滑走路は軍用地帯を擁するラディ区に属しているんです。そのラディ区長が14、5人の強面の人たちを連ねて、すばらしい計画があるとやって来た。見ると、博物館の背後に延びる滑走路が3分の1くらい削られていて、そこに幹線道路を建設し、周りにゴルフ場やアイスホッケー場、ホテル、ショッピングセンター、工場をつくろうという構想になっている。「どうだ！」みたいな感じなんです。軍用地だった手つかずの土地が、博物館ができることで付加価値がつき、投資家を集めて早く再開発しようということになっている。

—— もともと滑走路は博物館とは無関係だったんですよね。

博物館敷地と滑走路とは50mくらい離れていました。僕たちは、1.2km長のコンクリートの滑走路へミュージアムが続いていくような計画をしていた。コンペ時に敷地を飛び出して計画したのはルール違反ですが、そこはただの荒れた雑木林だったのでまあ問題ないだろう、と。ここを僕たちは「メモリーフィールド（記憶の原野）」と呼び、新しく博物館ができることによって滑走路も意味を更新し、また次の世代が使い続けていくことで、未来の記憶が重なっていくような場所にしたいと考えていた。そうして新しい記憶が蓄積されていけば、ネガティブな場所の意味を変えられるんじゃないかという計画だったのです。

—— 区長の開発計画はどうなったのですか。

これはまずいと、コンペの審査員だったオランダの建築事務所MVRDV

のヴィニー・マースやエストニアの建築家らにも連絡をして、公の場で話し合おうということにしました。ほかの関係者にも声をかけましたが、くだんの区長には来てもらえず、代わりに副区長が参加して、ワークショップを開いてこの地域を歴史保存地区として残すための話し合いをしたのです。しかし、開発が地元のためになるのならそれも必要なことなので、森の向こうのミュージアムから見えない高さに抑えるという制限を付け、また土地は小分けにして大きな建物ができないようにしようと、2日間のワークショップで結論付けました。ただ、2008年に起きたリーマンショックで開発業者らが一斉に撤退し、幸いにも事なきを得ました。一方で、リーマンショックの余波はこっちにも来てしまい、予算不足で2年半くらいプロジェクトがストップしてしまいました。

—— その間は何をしていたのですか。

本当にいろんな圧力があったので、政治的に止まっていてもプロジェクトを止めるのはまずいとわかっていた。しかし、実施設計も入札もできないわけです。だから僕たちはローカルアーキテクトと一緒になって、どんどん施工図を描いていました。結果的にこれはいいことだった。というのも、与えられた時間を使って先に細かいところまで図面を描くことで、考える余裕ができたんです。普通ならば現場が始まってからやる作業を、あらかじめやっていた。

—— 実際に着工したのは何年ですか？

2013年3月でした。エストニアは独立時に3つの公約を宣言していました。国立博物館をつくる、美術館をつくる、オペラ座をつくる、というものです。リーマンショックでもうプロジェクトがなくなってしまうかと思っ

ていた矢先に、この国立博物館をつくる公約は絶対に守ろうという政治的な動きが起こった。しかしその後、パリに館長たちが来て、入札に際して予算を5分の1ほど削らなければならないと言う。こんなに時間をかけたのだからもう変更はしたくないと主張しましたが、もっとデザインを変えてくれ、と。もうバッサバッサと切り落とされ、あきらめなきゃいけないことがいくつもありました。それは本当に苦しい作業でした。ただ、この博物館ができることに、エストニアの国や国民を変える力があると思ったんです。それはもうデザイン云々の問題ではない、と。これが出来上がる、建築が生まれてくることの方が大事なんだ、と考え方を変えました。滑走路から飛び立つこの建築のコンセプトさえあればいいと、建築の力を信じました。

—— そうしたいろいろな変更を経ても、デザイン上守り通したことはありますか。

重要なコンセプトである大きな庇、屋根と床の2枚の板、民族の伝統のパターンが浮かび上がるガラス空間だけは実現させたいと思っていました。入り口から見ると、屋根と床の2枚のコンクリートが延びていき1枚のコンクリートとなって滑走路へと続いていく。その間の空間に人がいて、民族の記憶が収められている。これを実現するために、照明や空調などの設備系を天井と床の中にまとめるしくみとして、スプリンクラーのノズルも見せないように板の間に隠すなど工夫をしました。ガラス壁面は、反転させて方立を外側に出し、ガラススクリーンを内側に設けて光もやわらかくしている。また、内部で漆喰や木を使ったことで、手で触れる部分は北国らしい木の質感となっています。コスト上の大きな変更は、家具やインテリアの仕上げで対応しました。

エストニア国立博物館建設現場

建築家の仕事は決断すること、
未来を見通して「こうだ」と言い切る力だと
理解できた気がしたのです。

—— 建設現場の体験も、これが初めてでしたか。

展覧会やインテリアのプロジェクトで現場は経験していました。とはいえ、この規模の現場は想像を絶するものでした。何もない荒野だったところに、数か月後には膨大な量のコンクリートによって巨大なものが出来上がっている。毎回現場に行くたびに、「建築はすごい！」と感動しましたね。

—— 建設を通して学んだことは何ですか。

2014年の「ガラスの事件」があります。壁面ガラスのサンプルがやっとできたので、見て決めて欲しいとパリに連絡があった。大きなファサードのガラスにはエストニアの伝統的なモチーフをコラージュしたパターンが浮かび上がるよう、特殊なシルクスクリーン印刷を施すことになっていました。ところが現場に行くと、60cm角の小さなサンプルが全長350mの外壁に4つ貼ってあるだけなんです。原寸大の大きなパネルのサンプルを3枚用意してくれと指示していたにもかかわらず、です。博物館の建築のガラス面は4面あるので、それらを合わせると全長約1km近い長さにも及びます。博物館のイメージがそれで決まってしまうような壁面を、こんな小さなサイズで決めろと言われるとは……。8年も待ったんだから、1枚ずつちゃんとサンプルをつくって、見え方はもちろん、色味

やテクスチャーをちゃんと確認させて欲しいと言ったのですが、もうそんな時間はない、ここから決めてくれと言うわけです。ゴネていたら、もうちょっと違うのもあると出してきたりするのですが（笑）、そんなサイズではどうしても決められない。

—— 1kmの風景を60cmのサンプルで想像しろと言われても、困りますよね。

無理です！　でも現場担当者からは、「あなたは建築家なんだから想像しろ」などと言われるんです。そこで、光によっても見え方が変わるので、夕方の光と朝の光も確かめたいからせめて明朝まで待って欲しいと頼みました。翌朝は20人くらい人が待機していて、ものすごいプレッシャーがある。これはキツイなあと、下っ腹も痛くなりました。しかも言った瞬間に決まるなと思うと、怖くてしかたありません。しかし、何も言わずにいるのもまずい。悩んでいる暇もないと、もう腹をくくって「これだ！」と言ったんです。ところが、その瞬間にいろんなプレッシャーが急に抜けた。そして何か勇気がみなぎってくるのを感じたんです。その時、建築家の仕事は決断すること、誰もまだ見えていない未来を見通して、「こうだ」と言い切る力が必要なんだと理解できた気がした。デザインではなく、「これなんだ」と決める力が求められているというのが、僕が現場で一番学んだことです。みんな一生懸命ものをつくっているなかで、「ここに未来があるんだ」とビジョンを示すのが建築家なんだ、と。

—— ある程度の不確実性が残っていても、決められる力が必要だということでしょうか。

それは、僕ら建築家にしか決められないんですよね。他人の意見や会

議で決めるものではない。「ガラスの事件」は、そういう決断ができるのかどうかを問われた瞬間なんです。建築はひとつしかできないのですが、それを実現する際に求められる数々の選択は、正しいとか正しくないとか、いいか悪いかではない。それよりも「これだ」と未来を決める決断力の方が大事だな、と。

—— それを機に自分が変わりましたか。

そうですね。結局、未来のことは誰にもわからない。わからないなら、ものごとのビジョンを示して、その先をつくる力へつなげるところに僕らの力量は問われている。だから、やはりビジョンをもっているかいないかは大きく違う。

—— エストニア国立博物館が完成して、満足感はありましたか。

よく聞かれるのですが、この経験は満足を超えて建築って本当にすごいなと、自分に新しい人生を与えてくれました。自分個人の想像をずっと超えたものが出来上がっている。最後まで現場に通っていましたが、工事作業員もいなくなった後の誰もいない空間、家具もない空間が本当に美しかった。コンクリートの精度も非常に高かったので、ガラスとコンクリートがつくるシャープな空間と光が生まれていました。エントランスの高揚するような空間から奥に入っていくと、だんだん天井が低くなって空間が圧迫され、そこから滑走路に出ていくというシークエンスも含めて、体験したことがない、けれどシンプルないい空間ができたなあと思います。その美しさに感動していたのですが、オープンして人が入った瞬間に、建築がまたすっかり変わる。生き物のように、楽器のように生き始めるんですよね。

—— 人が入った風景は予想外のものだったのですか。

この体験は初めてでしたね。人が入った瞬間に空間がイキイキとして、僕はまたそこに感動しました。建築っていい仕事だなあ、大変だけど、この喜びは絶対にほかの仕事では得られない。実は、僕は建築を構想する際に、あまり使い方のことを考えないんです。どうやって使うかはあんまり限定したくないと思っていて、それよりもしっかりとした空間さえあれば、そこを楽しく、使い方もひとつに制限せず自由に変えてもらっていいんじゃないかと考えているくらいです。部分的なディティールは絶対に使いやすい方がいいですが、使い方という意味ではあえて限定したくない。時代が変わることもあるし、気分が変わることもある。変えても空間が死なないように、こちらがしっかりとつくっていくことの方が大事だな、と。

—— すると、内部はどのような構成になっているのでしょうか。

外観は北国の厳しい大地に建つシャープな建築である反面、中は温かでやさしい空間になっているんじゃないでしょうか。内部を支えている構造体は、近隣の村の建物のスケールをそのまま移行させたようなボリュームでつくっています。巨大な施設ではあるけれども、歩くと周りの街を散策するかのような親密な空間です。博物館のスタッフが、夜仕事をしていると光がガラス壁面の民族衣装のパターンを浮かび上がらせ、やさしいものに包まれて仕事に打ち込める幸せを感じると言ってくれたのは嬉しかったです。技術的にも頑張って壁に漆喰の手仕事を残したりもしたのですが、エストニア人の名作曲家アルヴォ・ペルトの音楽空間のなかにいるようだと言ってくれた人もいます。僕はペルトが大好きで、これも嬉しかった。

—— ペルトのことは知っていたのですか。

ペルトとルイス・カーンは、僕が大好きな作曲家と建築家です。エストニア国立博物館のコンペも、このふたりの祖国だという強い思い入れがありました。実は、2007年に博物館の契約をしたその日、意気揚々と歩いていたらペルトが奥さんとふたりで歩いているのを見かけたんです。もうドキドキしてしまってじっと見ていたら、向こうも手を振ってくれました。ペルトの音楽空間のようだと直感的に感じてもらえたのは、本当に嬉しい。

—— これだけの規模の建築では、設計チームのマネージメントも大変だったと思います。チームは何人いましたか。

設計チームが10～15人くらい。これにエストニアのローカルアーキテクトが加わり、建築、インテリア、ランドスケープのチームに分かれて進めました。ローカルアーキテクトには林知充さんという日本人の方もいたので、日々やりとりしながら仕事をしましたが、すごく頑張ってくれた。彼らがいなかったら、結果は違っていたと思います。大きい建物の場合、全体を見られる立場はそんなにありません。僕とチーム責任者とが打ち合わせし、それをまた全体から俯瞰してという感じで、締め切りに合わせながら進行をみていました。

—— その方法は自分で学んだという感じですか。

そうですね。自分なりのやり方を編み出した。とはいえ、今思えば昔からサッカーをやっていてキャプテンを務めた経験もあるので、人を動かすのは好きなんです。チームワークの中で誰がどう動き、今どこに向かってい

るかを考えながら走り続ける。これに慣れていたので、あまり違和感はありませんでした。パリでワーッとスタッフとつくり、今度はエストニアに打ち合わせに行き、その結果を踏まえて次を考えるとか。

—— マネージメントで大切なことは何ですか。

マネージメントは段取りだと思っています。物事を決める段取り、連絡を取るタイミング、正確さ速さ。エストニア国立博物館をやっていた当時は並行して進んでいたプロジェクトは2〜3件だったのでうまくできましたが、今は大変です。頭と手が気持ちに追いつかない。これはもう能力を上げるしかない。経験を積んで物事が見える範囲や理解は増えているのに追いつかないということは、やっぱり力量が足らないということでしょう。僕だけじゃなく、スタッフ全員で頑張っていくしかない。だから、今年は「厳しく」をテーマにしています。

建築家になる
建築には正解などなく、
自分が想像する世界をどんどん形にしていいんだ。
そこからのめり込みました。

—— ところで、田根さんは高校卒業時までプロを目指すサッカー少年でした。どんな幼少時代を過ごしましたか。

小さいころから外で遊ぶのが好きでした。小学生のころにサッカーに出

合ったのは、不純な理由からです（笑）。バドミントンをやる母親が、練習時に家でひとりにしておくのは忍びないと勧めてくれた。始めてみたらすごく楽しい。サッカーは、やればやるほどうまくなるんですよ。自分の技術や努力もありますが、いいメンバーでいいチームワークができると強くなっていく。それでどんどんのめり込みました。中学校でも泣いたり喜んだりしながら、ずっとサッカーで頑張った。ちょうどJリーグができて、サッカーが一番盛り上がったタイミングでした。Jリーグのユースクラブもできつつあり、高校生の時にジェフユナイテッド市原（現：ジェフユナイテッド市原・千葉）のユースクラブの選考を受けたら、およそ600人中3人という狭き門を抜けて選ばれたんです。「それなら」と、実家がある杉並から毎日通っていました。

—— プロになろうという選択肢ですよね。

そうですね。毎朝7時前に家を出て2時間かけて学校に行き、学校が終わったら練習場に行く。帰宅するのが夜10〜11時くらい。これを毎日続け、週末も試合がある。当時は、サッカーでプロになりたい、という夢を抱いていました。ユースクラブのすぐ横ではプロ選手が練習していて、その緊張感もすごく魅力がありました。一生懸命やれば見てもらえるという環境です。また、クラブハウスでは高校生でもプロとして扱われ、生活や食事の指導をしてくれる。機械トレーニングの方法や身体のバランスの整え方など、プロと同じ教育システムを高校生にも与えてくれました。ただ、同世代は優秀で、ユースの日本代表選手が何人もいたり、高校生初のJリーグデビューを果たしたメンバーもいる。一緒にやっていて、これは厳しいなという実感がありました。同時に怪我の回復が長引き、高校卒業前にはどうしようかと考え始めたんです。挫折というよりは、時間をかけて自分はプロになれないんだろうなとわかり始めた。

—— サッカーをあきらめて別の道を探そう、と。

当時は、練習場にも近いという理由で東海大学付属高校に通っていました。サッカーのことしか考えられない毎日だったので、進学するにも受験できるほどの勉強もしていなかった。やばいなあと考えあぐねていたところ、幸い全国に分校をもつ東海大学には北海道に芸術工学部があるとわかった。芸術と工学が一緒になる学部という点に惹かれて調べてみると、建築学科がある。感覚的に面白そうだなと思った、という流れでした。ただ、美術や工作は好きでしたが、建築が何なのかはまったく知らず、ビルのように大きいものが建築で、家は住宅かな、くらいの知識しかない（笑）。でも、人生の大きな転期だ、とりあえず北海道に行って考えよう、と。入学のための面談があるというので、高校の図書館に慌てて駆け込み、建築の本を見ていた時に手に取ったのがガウディの作品集でした。「何だ、これは」と。その光や造形に驚き、「これが建築っていうのかもしれない」と思ったんです。

—— 大学での授業はどうでしたか。

空き時間の過ごし方もわからないので、毎日朝から4限までびっしりと授業を入れて、部活でサッカーもやり、朝まで飲んで学校で寝る（笑）、みたいな生活だったのですが、初めて設計課題をやった時にすごく面白いと思った。課題は150m²のログハウスを考えるというもので、自分で勝手につくり上げていい。これで建築が楽しくなったんだろうな、と今になって思います。建築には正解などなく、自分が想像する世界をどんどん形にしていいんだ、と。そこから建築にのめり込みました。ガウディも好きでしたが、洋書セールでフランク・ゲーリーの作品集を見つけ、今の時代にもこんなすごい建築をつくる人がいるんだと思って買ったのを覚

えています。そのうち、安藤忠雄さんの水の教会の模型をつくるという演習課題が出た。図面を見ると箱がふたつ重なっているだけで、「簡単じゃないか」と高を括っていたのですが、つくり始めたら意外と難しい。図面だけではよくわからず、図書館に行って開いた写真の世界にびっくりしたんです。想像していた世界と全然違う。水辺に十字架が浮いていて、その教会はトマムの大自然の中にある。その後、友人たちと車でトマムまで見に行きました。長いアプローチの階段を上がるとまた下へ降ろされ、薄暗い暗室をくぐっていった先に、静謐な大空間がある。もう鳥肌が立ちました。さらに、案内の人が「実はこれ、開くんですよ」と言って大ガラスの窓を開けてくれた。閉じられていた内側の世界に、向こうの水の世界から音や光や風が入ってきて、それにまた感動しました。「すごいな、建築って」と。これが1年の時です。安藤建築は、学生時代に相当見て回りました。シンプルで単純な箱なのに、空間は複雑に広がっている。建築では、考え方次第で想像を超える空間が生まれ得るのだということを安藤建築によって知らされました。

—— その後の田根さんはどんな学生でしたか。

後はもう建築にのめり込んでしまって、大学2年生の時には、大学3年時の設計課題を同時に取り、並行して課題を仕上げたりしていました。2年生の課題は住宅や集合住宅ですが、3年生になると大きな複合施設だったりします。調子に乗ってどんどんやっていたら、2年終了時には大学の単位を全部取り終えてしまったんです。

—— すごいですね。

することがなくなってしまい、いろいろ考えた末、実際に働いてみたい

なと思った。たまたま当時、坂茂さんが阪神・淡路大震災後に紙の建築で活動されたという本を読みました。建築家も社会的に行動することで世界を変えられるのだと感銘を受け、坂さんのところに手紙を書いて「まだ2年を終えたばかりだけれども、インターンシップをやらせてほしい」とお願いしました。いいですよと受け入れられ、半年間東京へ戻ってインターンをしていました。ポンビドゥーセンターとビエンナーレでの展覧会のために、震災用につくったログハウスに変更を加えるという仕事で、初めてディティールを考える仕事でした。また、いろんな学生とも交流できたのですが、東京の学生はたくさん本を読んでいてすごい知識がある。僕は北海道で自分勝手に建築をやっていたんだけれども、大丈夫かなと焦りましたね。

—— 大学在学中にヨーロッパへ留学しました。それはどんな経緯だったのでしょうか。

うちの大学がスウェーデンの大学と提携を結び、留学生を募集していたんです。英語もたいしてできないのですが、2年生の夏に人生で初めて日本から出てスペイン、イタリア、フランスを約1か月かけて回り、歴史ある重厚な街並みに衝撃を受けていたこともあり、手を挙げた。そうしたら選んでもらえたんです。留学先はスウェーデン、ヨーテボリのHDKというデザイン学校で、家具とインテリアの学科に編入しました。建築をやりたかったけれど、家具の方が好きになってそっちに流れて行ってもいいじゃないかくらいの気持ちでした。スウェーデンの洗練されたデザインのすばらしさを知り始めたころ、ちょっと離れたところに建築学校があると知った。見に行ったらすごく楽しそうなんです。留学は1年プログラムだったのですが、ポートフォリオをつくってそちらに持って行き、冬からの半年間はここで勉強したいと、留学先を自分で勝手に替えてしまいました（笑）。

—— 提携先でもないのに、勝手に編入してしまったのですか。

大学院のクラスだったら英語で授業するから、入れてくれると言う。北海道の母校にはすごく怒られましたけどね。けれども、このことで後にこのシャルマス工科大学とも提携したそうです。ここでのクラスは30人ほど。半分はスウェーデン人、残りはエラスムスプログラムという交換留学制度でヨーロッパ中から集まってきた学生です。みんなと一緒に建築を考えた時間は楽しく、ここで出会った友達とは今でも連絡を取り合っています。授業では、夢の家をつくるという課題で3日間で50個ほど模型をつくり、みんなを驚かせたこともあります。英語はできないけれども、手は動かせるぞ、と。先生も面白いと喜んでくれました。

—— 留学の1年が終わった後はどうしましたか。

これからも海外でやっていきたいと思い始めていましたが、卒業しなければならないのでいったん日本に帰国します。帰りに、ロンドンのAAスクールやニューヨークを見に行きました。ニューヨークのような競争社会でバリバリ働くことも考えていた。でも、北欧には単純にものを大量生産、大量消費するのではない、これからの社会の成熟化を目指すような世界があった。そうした成熟した生活文化のあり方をもっと知りたいと考え、デンマークの王立芸術アカデミーに再度留学することを決めました。卒業後、デンマーク留学前の半年間は、藤本壮介さんの事務所でアルバイトをさせてもらいました。藤本さんとは大学2年の時に、北海道のご実家のために手がけた聖台病院作業療法棟の発表会でお会いしたんです。建築の考え方が面白くて、その後東京に行くたびに作品にコメントをもらったりしていました。アルバイトしたのは、藤本さんの事務所に所員がまだひとりしかいなかったころで、いろいろな話を聞いたりコンセプトの考

え方を学んだりと、とても楽しかったです。

—— デンマーク王立芸術アカデミーに留学した後は、ずっとヨーロッパ在住です。留学は自費で賄われたのでしょうか。

デンマーク王立芸術アカデミー大学院で客員研究員として在籍したのは、2003 〜 2004年の1年間です。学費は無料でしたが、生活費は両親にサポートしてもらいました。もう少しだけ学ばせて欲しいと話した時、父には「普通日本の社会では、大学を出たら就職するのが当たり前だぞ」と言われた。父はサラリーマンのエンジニアです。ただ、サッカーも含めて、両親は子どものころから好きなことをさせてくれた。この時も、自分で自分の道を歩くことの苦労と責任はわかっているな、と念を押してくれたのだと思います。王立芸術アカデミーでは、何をつくりたいのかを自分でリサーチしながら考えるというプロジェクトを半年ごとに与えられました。鉄道の線路の脇に、ショップやカフェなどを含む複合施設を蛇のようにクネクネした建物にして、それが線路を越えて都市に侵食するというインフラ建築を考えたこともあります。1年が終わるころ、「卒業したらどうするの?」と声をかけてくれる先生が何人かいました。デンマークがいいのは、学生の作品をいろいろな人が見ていることです。そして3社の設計事務所から働かないかと声がかかりました。結局は、担当教員だった先生が勤めていたヘニング・ラーセンというデンマークの巨匠の建築事務所へ面接に行ってプレゼンをしたところ、その場で契約の話になりました。80人ほどの所員がいる事務所です。

—— ラーセン事務所での経験はどんなものでしたか。

実は僕はダメな社会人で、ここには1年しか在籍していません。入所後

最初にやったのは、ドイツ、ハンブルクのオフィスビルのコンペです。これに勝って以降、いくつかコンペで勝ったり負けたりしたのですが、なかなか実施のプロジェクトをやらせてもらえない。そういうシステムなのか、コンペに向いていると思われたのか。自分としてはアイデアを出すコンペも楽しいけれど、どうやって設計をして建築をつくっていくのかを知りたかった。それで、ディレクターに設計をやりたいと申し出たのですが、うちとしてはコンペをやってほしいという返答でした。若気の至りというか、焦りというか、それで次の職場を探し始めました。また、そのころ、スウェーデン時代にお会いした振付家の金森穣さんから、舞台デザインの初仕事の話がきました。僕はこの時の金森さんとの仕事で、自分の人生が変わったと思っています。「SHIKAKU」という舞台で、彼と一緒に考えたことが現実のものになって人の心を揺さぶり、感動につながるのを見て、「ああ、自分はつくる仕事がしたい」と感じたことも大きかった。それもあって、このままじゃいけないなと思ったのです。

—— その後、ロンドンのデイヴィッド・アジャイの建築事務所へ移籍しますが、アジャイのことは知っていたのですか。

海外で働くなら英語が必要だと、イギリスに絞って探した時に見つけたのが当時まだ若かったアジャイでした。ヨーロッパで注目され始めていて、建築は異彩を放っている。彼がAAスクールで教えていると友人から聞いて、デンマークの事務所から休みをとってロンドンへ行き、授業を終えて彼が出てくるのを待ち伏せしました（笑）。働きたいとポートフォリオを見せたら、パーッと繰ってとりあえず明日事務所に来て、と。翌日ディレクターと面談して、まあいいだろうということになりました。ロンドンに引っ越したのは、2005年1月。所員は当時30人くらい、若いスタッフばかりでした。

—— どんなプロジェクトを担当しましたか。

別荘を5軒ジャマイカにつくるとか、アメリカのデンバーで美術館とその
オーナーの自宅を設計するなどです。ひたすら図面を描いて、ディティー
ルを学んでいく毎日でした。雨が入らないよう水回りをどうするかとかス
チール材料の発注方法とか、現実的な設計業務で楽しかったです。担
当のアメリカ人ディレクターが次から次へと仕事を回してくれました。

—— で、ここからエストニア国立博物館のコンペに挑戦するわけですね。
アジャイの事務所では何年経っていましたか。

まだ1年目でした。たまたまジャン・ヌーヴェル事務所のスタッフで、ロン
ドンでのプロジェクトのために駐在していたリナ・ゴットメと仲良くなり、一
緒にご飯を食べたり展覧会に行ったりしているうちに、何か一緒にやろう
とコンペを探したのです。エストニア国立博物館が一番大規模で、誰で
も参加できるオープンなものだったので、これに決めました。その後、ヌ
ヴェル事務所にいたダン・ドレルも加わり、お互い働きながら夜に集まっ
て1か月余りで準備しました。最後の3週間はほとんど寝ず、仕事が終
わったらバスに乗って作業室へ行き、朝5〜6時まで働いて、またバス
で帰宅してシャワーを浴びて出勤、をひたすら繰り返した。職場は楽し
かったのですが、目の前にあること以上に何かをやりたい。まあ、エネル
ギーが余っていたというか……。

—— コンペに優勝し、その3人で建築事務所DGT.をパリに設立します。

実際に契約の話も動き出し、これはもう一世一代かけてみようと3人で話
した。出会ってまだ3〜4か月しか経っていない関係でしたが、それぞ

れがイタリア人、レバノン人、日本人。これは面白い組み合わせじゃない
か、一緒にやってみようということになりました。彼らはすでにパリに戻っ
ていて、僕はロンドン。ロンドンのインターナショナルな環境が楽しくなっ
ていたし、フランス語も喋れません。だからパリは嫌だと言ったのです
が、とりあえず3か月の予定でパリに行った。2006年2月からです。そ
したら「パリ、いいじゃん！」とコロッと気に入った。北欧で暮らしている
間は、デンマーク人の外枠にいる外国人という感覚がずっと抜けなかっ
たのですが、フランスではみんな人懐っこく話しかけてくる。食事もおい
しいなあとか。それでまあ、やってみようということになったんです。

シチズン、ミナペルホネン
宇宙まで飛んでいって時間の概念を調べた結果、
光がなければ時間もないんじゃないか、
という非常にシンプルなところに行き着きました。

—— さて、田根さんは建築と並行して、展覧会の会場デザインや展示
会の空間デザインも多く手がけています。中でもシチズン時計のための
展示空間は、6年前から続いているプロジェクトですね。

最初は、2013年の「バーゼルワールド」という時計宝飾見本市でし
た。シチズンのブースの一部でインスタレーションをやるので、そのコン
ペに参加しませんかという話が来た。実は、その時にコンペではなく面
接で選考してもらえないかと提案しました。コンペは本気でやるので、負
けると嫌なんですよ。また、大企業だと間に代理店が入り、こうやりたい

というこちらの思いがうまく伝わらないこともある。僕はクライアントの要望を聞きながらこちらの提案も見てもらって、一緒につくり上げていく方がいいと思っている。だから、A案、B案、C案という提案の見た目で選ぶのではなく、これまでの仕事や考え方を聞いて人を選ぶ、あるいは面接後絞ってコンペをやるような形でお願いできませんかと言ったら、考え方を変えて下さって、面談を受けて最終的に選んでもらったという経緯でした。

—— 展示のアイデアはどのように出てきたのでしょうか。

まず、工場見学をさせて欲しいとお願いし、3か所ほど工場を見せてもらいました。時計ですから、小さなパーツをものすごい精度でつくっているのですが、工場の方が説明してくれたのは、間違いがないか100個中1個ぐらいは検品する。「いやー、機械は間違えちゃうので、人が見なきゃいけないんですよ」と。「すばらしいな、この会社は」と思いました。普通は機械が正しくて人が間違えるんですが、ここでは機械が間違えるから人が微調整することで、ちゃんとつくれるようにしている。工場はいろいろな作業工程の中にある蓄積された知恵や経験が垣間見えるので、非常に面白かった。そして最後に「実はこんなのもありまして」と見せてもらったのが、いろいろな部署から出て来た廃材が分別された箱でした。掘削してできたチリチリの破片とか金属の破片がある。それがきれいなんです。僕も「これ、もらっていいですか」と手に取った分だけ持ち帰りました。その中に板状になった不思議なパーツがあり、「これを使いたい」と思ったのです。

—— 展示では、糸に留められた無数の小さな金属パーツがキラキラと空間に漂っている風景が生み出されていました。

デザインする前に、まずリサーチを行いました。「時間とは何か」という壮大なテーマです。建築をやっているので時間についての考えはあるものの、今回は本気で考えろと言われている気がした。科学的、文化人類学的に見たり、宇宙まで飛んでいって時間の概念を調べたりした結果、光がなければ時間もないんじゃないか、つまり「光は時間でもあり、時間は光でもある」という非常にシンプルなところに行き着いたんです。太陽がなくなると時間を計れなくなるし、星と星の間も何万光年と光の単位で距離を測ったりする。それで「Time is Light, Light is Time」というコンセプトにし、最もコアな基盤装置である地板約3万6,000個を空間上に吊るして、静止した地板の上に動く光が射し込み続ける展示「Frozen Time（凍りついた時間）」をつくりました。日本で特殊作業をやる工場を探してもらって、パーツを一つひとつワイヤーに留めてもらい、紙管に巻き付けてスイスに持っていき、現場で1本ずつ吊るしてもらいました。

—— 止まらない光の広がりは、何かイメージするものがあったのでしょうか。

現場では、テクニカルディレクターの遠藤豊さんと話し合いながら、光が広がっていって次にすっと暗くなり、またワッと明るくなるのはどうかとか、行ったことはないけれど宇宙にはものすごく圧縮された音があるんじゃないかといった勝手な想像をして、音をサンプリングしながら、光と音が重ならずにずっと漂っていくような展示にしました。光は止まらないと言っても、普通は電気を使うとオンかオフになってしまう。そこでLED（半導体レーザ）型コントローラーを利用して、光量が何パーセントまで上がる何パーセントまで下がるというのをプログラム制御し、波や雲や煙のような自然のイメージになるようにしています。霧の中から見えない風景が浮かび上がってくるとか、歩いていたら霧雨になりそれが激しい雨に変わったとか、つくり出そうとしたのはそういう非日常的な未知なる体験です。驚

きながらずっといたいという空間はそういう場所なので。

—— これは勝手な感想ですが、田根さんがつくる空間はダイナミックとかドラマチック、シャープとかエキサイティングといった大仰なものではなくて親密な親近感がある。言ってみればチャーミングですね。自分自身が求めているもの、自分の好みについてはどのように見ていますか。

うーん、あえて言うと質感が強いものが好きですね。その空間で何を感じられるかは単に素材の質だけではなくて、その場の空気の密度だと思うのです。その意味では、それをどう生み出せるのかが僕らの仕事ではないか。エストニア国立博物館も外観はシャープですが、オープンな内部には漆喰のテクスチャーがあり光もやわらかく拡散されている。シチズンの場合は、光や星に包まれる見たことのない世界に行ってみたいという感じでしょうか。人を包み込む空間をどう生み出せるのかをいつも考えています。

—— その後のシチズンの展示はバーゼルやミラノサローネでも続きました。その度にコンセプトが少しずつ変わっていますね。

こちらのモチベーションとしても、同じことをやったらつまらない。かといって、まったく違うことをやるのもどうか。昨今はブランドが気鋭のデザイナーやアーティストに依頼して次々と新しい表現を出してくるのですが、一回きりで消費されてしまう。これはブランドの表現として、特に時計という変わらないものをつくり続けているメーカーにとってはあんまりいいことじゃないと思うわけです。これだけつくり込んだものでもあるし、同じ地板を使うインスタレーションだけれども、新しいテーマをつくって「時間とは何か」を問い続ける展示にしたい、と。

—— そうすると、展示の地板は再利用しているのでしょうか。

そうです。基盤装置の地板は真鍮でつくられており、銀色と金色に
コーティングした2種類があります。それを使い分けながら、「LIGHT
is TIME（光は時間）」という大きなコンセプトの下に、時が止まった
氷のような空間「Frozen Time（凍りついた時間）」、時間の始まり
は光の始まりであるという高密度な「Compressed Time（凝縮され
た時間）」、宇宙の始まりの直後に着想を得て低密度で影が拡散する
「Expansion Time（拡張する時間）」、そしてシチズンが世界最薄
の時計を発表したことに合わせて、目線のレベルで水平に上下を金と
銀で切り分けた「Horizontal Time（時間の地平線）」、宇宙の大き
な時間と地球上の生命が生まれては消えていく小さな時間を対比させた
「time is TIME」といったテーマで会場をデザインしました。地板はワ
イヤーから毎回外して組み直しています。

—— ワイヤーに留めるパターンや会場で吊るす組み合わせなどは、コン
ピュータで計算したのでしょうか。

手作業で考えています。例えば、1本のワイヤーに12個、18個、24
個のパーツをある比率で高さをずらしながら付け、そのバリエーションを
ABCとすると、それを会場では平面図に合わせてこのような順番で付け
て下さいという指示書をつくるんです。パターンが重ならないようにするに
はABC、ABCと付けていけばいいですが、反対にランダムな世界をつ
くるには毎回順番を変えるといった方法です。

—— 展覧会や展示をデザインすることと建築を設計することは、やはり
異なるものでしょうか。

よく聞かれますが、僕自身はつくる上ではまったく同じものだと思っている。単純に言うと、建築はつくられて長く残るけれど、永遠かというとそうではない。そうすると、例えば4人の家族がその家に30年暮らすと4人×30年分＝43800日分の使われ方です。一方展覧会だと、3か月の間に4万人くらいの人が来る。3か月と30年で期間が違うとはいえ、その人たちが体験したリアルなものとして捉えれば、展覧会は密度の高い空間で、建築はもっと長いゆったりした時間に引き延ばされた空間である。時間のスケールが異なるだけで、あの瞬間にあの場所に居合わせたということと、家に暮らしながらその土地で暮らしているというのは、空間体験としても記憶という意味でも同じ価値をもっているのではないかと思うのです。

―― ファッションデザイナーの皆川明さんの展覧会会場のデザインも話題を呼びました。こちらはどんな発想でしたか。

皆川さんとは2004年に初めてお会いしています。展覧会では僕なりに捉えた皆川さんの仕事を表現しようとしました。デザインする人、それをつくり出す工場の人、着る人の喜びが1×1×1みたいな計算式になる。その答えは1なんですが、そこから「1」の可能性は無限乗数「∞」となって、皆川さんのものづくりがこうした関わりによって生まれているということを伝えたかった。東京のスパイラルの展覧会では、布が圧倒的な力をもっているので布で森をつくろう、と。家具もつくられているので、生地や家具や服がモビールみたいに空に浮いている非現実的な物語の世界をつくるのが彼らしいなと思いました。長崎県美術館では、「リビングルーム」、「アトリエ」など10の彼のテーマを部屋ごとに展開しました。

―― 皆川さんの服もチャーミングで、布も可愛いパターンですが、田根さんは彼のものづくりに対してどんな見方をしていますか。

人間的にもデザイナーの仕事としても、大変尊敬していますね。きれい、可愛いだけでなく、毒もいっぱい入っている（笑）。皆川さんもそうなら、僕もそうです。いろんな人の仕事を見ていても感じますが、ものをつくっている人って出来上がるものとけっこう真逆な性格の人が多い。皆川さんもバリバリ体育会系のマラソン選手ですから。そして、いい意味ですばらしいビジネスマンとしての計算をされる。例えばしっかりとした刺繍ものをつくりたいけれども、こちらで糸を変えている間にあちらでシンプルなパターンの制作を進めれば、工場が止まらずに稼働させられる、と。ものづくりに際して、そういうところまで考えを及ばせたデザインの描き方なんです。また、コットンのような日常的な素材にはデザインの力によって価値を加え、シルクやカシミヤのような高級品はデザインの力によって少しでも手頃にする。「日常の特別な服」をコンセプトとした時に、デザインによってどちらもが特別に向かっていく。そんな話をよくして下さいます。だから、デザイナーがただ「こういうのをやりたい」というのとは全然違う。

住宅

「最初に図面を見た時はシビれた」と言われました。どうやって建てたらいいんだろう、と。

—— 日本で住宅もつくられました。最近完成した「Todoroki House in Valley」は、都心とは思えないようなうっそうとした緑に囲まれた住まいです。この住宅はどんな経緯で始まったのでしょうか。

ある友人の紹介で、子どものためのイベントスペースの植物と空間づくり

を一緒にやりませんかという連絡をいただきました。お施主さんは齊藤
太一さんという造園家の方で、植栽を担当するなど建築家とも仕事をさ
れている。プロジェクトで緑の扱いがいい感じだったら、その方だったり
しました。お会いして話を聞いたら面白そうなのですが、1か月半後の
完成でお願いします、と。パリから仕事をしなければならないので、それ
はちょっと厳しいと伝えたんです。すると「いやー、それは残念だけど、
最近土地を買ったので家をつくってもらえませんか」と（笑）。そう遠く
はないからと、そのまま敷地を見に行きました。着いたらもう夜で、懐中
電灯を持って空き家になった家にも入りましたが、暗くてほとんどわから
ない（笑）。なんか面白い人だなと思って、じゃあぜひやりましょう、と。
そこから始まりました。

—— 敷地にはどんな印象をもちましたか。

外部の鉄骨の階段がかなり錆びていて、ここは渓谷なので森からの湧
き水による湿気が地面から伝わっているんだろうという感じがしたのと、
向こうに多摩川があってけっこう風が吹いてくるなというのが印象的だっ
た。プロジェクトとしては初めての都市住宅です。やったことないけれど
どうしよう、住宅密集地なので近隣のことも考慮しなければとは思いつ
つ、現代の都市住宅をどう捉えればいいのかと考え始めた。リサーチで
は、かつて渓谷の森だったところが分譲地に開発され、区画された戸
建て住宅で埋め尽くされていった歴史を知りました。そして、かつての
森は奪われてしまったけれど、もう一度空から木が降ってくるような家に
して森を取り戻せたら、その先にある未来にもつながるんじゃないかと、
ぼんやり考えたんです。渓間の地形や環境的な特性を調べたりするなか
で、今回は環境のことを考えようとだんだん思うようになった。それも単
純に自然環境や都市環境だけではない、もう少し大きなこれからの環境

とは何かといったことです。

—— **都市対自然のようなものを超える、もっと大きな環境ということですね。**

同時に、ジメジメした感じの湿地帯と少し風が抜けていくような場所であるということから、湿地帯に暮らしている民族の住居と、乾燥地帯に暮らしている民族の住居を調べていったのです。すると、世界中には異なった環境が生んだ不思議な家がいっぱいあって、非常に面白い。それを見ているうちに湿地帯と乾燥地帯の住居を切り出し、コラージュしてみたんです。すると、これまで見たこともないような変な建築ができた。地球上のどの時代のどの地域に属しているのかがわからないような建築です。こういうものがつくれたらいいなというテンションで、そこからコンセプチュアルなイメージを描き、その次は模型をいっぱいつくりました。

—— **乾燥地帯と湿地帯の無関係な住まいを上下にくっつけたということですか（笑）。**

そうですね、だいたい上下で、上が乾燥地帯、下が湿地帯の住居です。組合せもいろいろあって、バランスのいいものとちょっと違うなというのがある。また、湿地帯では建物と地面との接地面がとても大事で、湿気がこもらないよう空気を取り入れて家の中を快適にする方法がある。雨季には地面が水浸しになるので構造は浮かされて水はけを良くしますが、内と外は意外とオープンにつながっている。一方、乾燥地帯は空気が乾燥しているので、光がすごく強く、陰をつくらないと暑くて大変です。しかし、熱の温度差を使って、空気が隙間風のようにすっと対流する穴の開け方の仕組みもある。そういう発見が面白かったですね。

── お施主さんからは、暮らし方についてどんな条件がありましたか。

条件はどんどん変わったんです。最初は夫婦ふたりと子どもひとりだった
のですが、設計中にお子さんがもうひとり生まれて4人家族になった。そ
うこうしているうちに、お母さんも住みたいということで、お母さんが住め
るような部屋をつくった。竣工する直前にも妊娠中だということで最終的
には6人になるのかな。かつ、設計を始めたらいい感じになってきて、1
階をアトリエにして居住は2、3階にしたいと言われました。そこに全員
が暮らすのは厳しいんじゃないかと話し合って、再び生活スペースが1
階に戻ってきた。近所に同世代の友人も多いから、1階を幼稚園にした
いというアイデアが飛んできたこともありましたね（笑）。

── 田根さんは、家族のそれぞれがどういうふうに住むべきだと考えて
いましたか。

みんなで仲良くすればいいんじゃないか（笑）。僕も小さいころ、子ども
部屋はなかったんです。1階に居間、2階に寝室がふたつあり、勉強机
くらいはありましたが、母親も家で仕事していたりして……。早く寝る人
から布団を敷いて勝手に寝るというシステムで、日替わりで寝る場所も変
わっていた。父が一緒だったり姉が一緒だったりして、柔軟に寝てきた
みたいな（笑）。

── すると、住宅設計でも子どもが自立するための個室が必要という
考えはあまりないですか。

ないですね。できれば子ども部屋はつくりたくないという話を毎回お施主
さんとします。僕らの世代はみんな子ども部屋をもっていましたが、子ど

もが去った後はだいたい倉庫になって、家の中に死んだ空間ができる。これはあまりいいことじゃない。家とはもっと柔軟で、どんなことが起こっても暮らしていける良さがあるはずです。中学生や高校生の一番繊細なタイミングさえ乗り切れれば、もっといろんな住み方ができる。今回も、お施主さんがやりくりしてくれると言ってくれました。二段ベッドをつくるとか、お兄ちゃんが大きくなったらお母さんと入れ替わるとか。個室が必要になれば、つくれるような仕組みにはしてあります。僕の場合、人はけっこう逞しいから頑張って生きていける、と思っていますね。

—— 普通自宅を設計してもらうとなれば、お施主さん側に強い意見がありますよね。

思い返しても「こういう家にして下さい」という細かいオーダーはなかったですね。大きいお風呂が欲しい、くらい。唯一、自分の庭を都会の大自然にしたいという要望はありました。自宅ではあるけど、都会でいろいろな植物を育てる実験のプロジェクトができれば嬉しいなあ、と。僕の場合、ここが好き、この土地に住みたいという思いが強い方がお施主さんであることが多いんです。それが一番大事な原点ではないか。ほかにもいろいろな土地があるなかで、動物的感覚でここに住みたい。そして、ご飯食べた後お風呂入って寝てとか、勉強して喧嘩してとか、そういう生活上起こることはすべてつながっている。それを個々の部屋の中にしまってしまうのではなくて、気配が残せるような構成にしたいなというところがある。逆にちょっとひとりになりたい時は隠れる場所もある。そういうことを受け入れられるのは、家という建築にしかできないことではないか。僕は、毎日どこかへ出かけて行くけれども、そこへ戻って安心して眠れる場所こそが家だと思って設計しています。

—— 住宅の建築の場合、施工業者はどのように選びますか。

人に聞いたり、あるいは雑誌で地元の施工会社を探したりします。地元に近い方が、メンテナンスも含めていろいろ大事にしてくれる。これまで手がけた物件も見て、お願いしたいという会社を3社くらい決め、見積もりを出してもらいます。あと大切なのは、現場監督さんの力量です。信頼できそうかとか、こちらの言いたいことを理解してくれそうかとか。見積もりと人を見て、お施主さんと相談しながらここがいいと思います、と提案します。

—— 田根さんの住宅の場合は、施工業者にとって初めてやるようなことも多いですよね。

そうですね。「Todoroki House in Valley」でも「最初に図面を見た時はシビれた」と言われました。どうやって建てたらいいんだろう、と。この家の上部は箱が集落みたいに集まっている空間で、軸線がなく、どこから材料を組み上げたらいいかがわからない。また、ボリュームの9割を支える壁が後ろにあって前面には柱がほとんどなく、どうつくるんだ、といった疑問もあったようです。柱と梁の組み方も普通でない。外壁はV字型にへこんでいて、これはどういう納め方にすればいいのか、など。V字部分は、ちょっとでもずれるとそこから雨が入り込んでしまうのですが、大工さんがまるで刺身を切るように木を一個ずつ斜めにスパッ、スパッと切ってくれて、ピタッと組まれています。すごい技術です。あとは、敷地で掘り返した土を選別して、また壁材として戻したりしている。その際に、いい色になるように柿渋などを混ぜています。

—— 初めてづくしですよね。最初打ち合わせをする時に、難しいのはこ

このところですと説明をするのですか。

言う時と言わない時があります（笑）。最終的に決まった施工会社は、建築家の物件しかやらない珍しいところでした。それでも、最初図面を持って行った時に社長に「何だ、こりゃ」と言われ、そして「これがつくれるのは、うちだとコイツかな」と現場監督を決めてくれました。もちろん経験も重要ですが、建築家によって好みが違うので、現場監督はここを大事にしないとこの人の建築にならないというのを読み込んでくれるような人でないと困ります。今回はすごく細かいところまでちゃんとやってくれました。そういう信頼関係が考える側とつくる側との間であるかどうかによって、結果がまったく違ってきます。

── 完成した家については、どんな感想をもちましたか。

かなり高度な設計で大変だったのですが、竣工した時には率直にすごい家ができたなあ、ちゃんと家になってくれたなあ、人が生きる場所になりそうでよかったなあ、という気持ちです。また、今までにないくらい目の前に自然があるのですが、これが建築に与えてくれる関わりは本当に強いと思った。ちょうどスリランカやブータンで、アジアの自然の中に立つ建築を見てきた直後でもありました。長い時間をかけてきてつくり上げられてきた建築の度量というか、何かを受け入れつつちゃんと育てる力をもった建築、その土地に根差し人のための場所をつくる建築、そういう建築の力を改めて確認した後でもあったので、そこに少しでも近づきたいという思いもあった。かつ、都会でも実はこういう暮らしができる、というものが実現できた。未来に向かえそうな暮らしを、東京の真ん中につくれたことは大きいかなと感じています。大きく見えても決して豪邸ではなく、それでいて自然の中に暮らしているような落ち着きがある家です。

―― 1階部分は大きなガラスに囲まれていますが、ここは地面を掘り下げているんですよね。

そうですね。1mぐらい掘られています。そうすると、地面の中から地面を見つめるように大地が感じられるのです。小さな植物が目の前に見えたり、木が根元から生い茂っているのが見えたりする。2階に上ると、目の前の木にインコがたくさん飛んでくる。遠くには東京の街並みが見え、車や電車の音もする。土中から木を伝い、さらに空につながっていくような感覚があります。

―― 木と土で構成されているという点では、田根さんが先に手がけた「A House for Oiso」の家にも通じるところがあります。木材や土は好きな素材ですか。

住宅を2軒続けて設計しましたが、日本の家であるということにこだわりがありました。日本にはまず湿気との戦いがある。ところが、近代住宅は建売住宅もマンションも湿気を無視した材料でつくられてしまい、人工的で冷たく不快な感じもする。ああいうのはやっぱり日本に合っていないな、というのが僕の印象としてありました。湿気を吸ってくれる素材を使うと、空間の居心地が全然違うんです。しかし、ただ自然の素材を使いたいというよりは、未来の日本の家のあり方を考えなければ日本の家が残っていかないという思いがありました。特に「A House for Oiso」の場合は、僕にとっても初めての住宅で、シンプルに「日本の家」に向き合いたいという思いがあった。リサーチをすると、たまたま敷地周辺には縄文時代から人が住んでいたことがわかり、竪穴式や高床式住居、中世の民家なども含め、これまで日本が蓄積してきた家とはどんなものかを研究してみようとしました。もうひとつは、使いながら直し続けられる家に

したい、と。それは建築の魅力でもありますから。一度つくるとプロダクトとして完成して直せなくなるというのは、建築にとっては機能不全ではないでしょうか。僕はそれぞれの家族のためにはつくっているけれども、家はもっとその場所に属している。だから世代が変わっても、時代が変わっても、ここなら住みたいという、その場所のためにあるものと考えます。「Todoroki House in Valley」も同じです。ちょっとどの時代の建築かわからないようなところもあり、新築なのに周りの家よりも古く見えたりしていますね。

日本

プロジェクトの目的はお金や時間だけではない。
芸術性、文化性、経済性、歴史性におけるビジョンが
市民社会で共有されるべきだと思うんです。

—— 日本で手がけた公共プロジェクトや商業プロジェクトの体験についても伺いたいと思います。東京オリンピック新国立競技場の国際コンペで最終選考に残った「古墳スタジアム」は、東京の都心に森をつくってしまうというアイデアで、同時に田根さんの作品が日本の人びとの目に広く触れた初めてのものでした。ほかの建築家が地上にそびえる建物を提案するなかで、神宮外苑に古墳をつくるとは誰にも予想できないアプローチでした。

大都会の真ん中に大自然ができることは、今の時代に意味があるんじゃないかと思ったのです。明治神宮を取り囲む内苑は最初から森だと思っ

ていたら実は人工林で、100年の年月によって今の姿になったものです。僕はちょっと時間が空くと明治神宮に歩きに行ったりするんですが、あの森をつくった日本の知恵と技術はすごい。それに対して外苑は本来の場所の意味を失いつつある。普通に放っておくと、オリンピック景気で外苑周辺の土地は開発され、高層化されてしまう。時間とお金によって、切り売りされていくのです。競技場をつくるという計画に対して頼まれてもいないのに古墳を提案したのは、外苑に森を取り返すことが必要なのではないかと考えたからです。

── 古墳は権力の象徴として理解することもできるわけですが、そうした意味合いとの関係はどう考えましたか。

それは意識下では捉えていたと思います。ただそれを超えて、日本の古代にあった死後も生きていく場、社会の鎮魂の場としての記憶が、この時代を動かす原動力になるんじゃないか、東京にそれが生まれることの意味があるのではないかと考えた。文明や文化がもつ集合的な力は未来へ意味を残すのではないか、と思ったのです。

── 新国立競技場は、2012年秋に1等が決定したザハ・ハディド案に対して議論が起こり、2015年にコンペがやり直しになりました。その時、田根さんも復活をかけて奮闘したそうですね。

ザハが勝った時は悔しいなと思いましたが、多くの建築家がベストのアイデアを出してもコンペで負けたり、プロジェクトが頓挫したりする。僕たちも、これを糧にまた頑張ろうという気持ちでやっていたんです。ところが気がついたら、日本国内ではザハ案の建設費が問題になっていて、理由もわからず見積もりがさらに大きくなっていく。その議論の中

で、ザハのアイデアはどんどん縮小されてダイナミクスさを失っていきました。日本の建築界からもいろいろな提言が出て、そもそものコンペのあり方自体に議論が向かい、結局最初のザハ案は白紙撤回になる。この一部始終をパリから追い続けていましたし、日本の知人らも展開をいろいろ教えてくれました。白紙撤回後空白の1か月があり、その後発表されたのが設計施工一体型という条件と業務要求水準書です。要は、これはゼネコン主体のコンペで、建築家はそこにアイデアを出しなさいというものです。

—— 確実に施工を進める体制をつくらなければならないという時期になっていました。

こういう状況下で建物が実現できるゼネコンは、日本には4〜5社しかありません。そして、誰がどこと組んだかという噂も耳に入ってきました。僕自身もこの状況でどう動くべきかを考えた末、やってみようと踏み切る気持ちになっていました。周りの人からは「底なし沼に飛び込むようなことは止めた方がいい」と盛んに言われましたけれども……（笑）。しかし、ここでは勝てるか勝てないかではなくて、若手の建築家がチャレンジ精神を示す、その役割があるのではないかと感じたのです。そこから、協力して欲しいとゼネコンを探し始めました。すでに隈研吾さんやザハらと組んで参加が聞こえてきた2社を除いた3社にいろいろなツテを使ってコンタクトしたのですが、いずれも検討中という答えが返ってきました。

—— 最初のコンペは比較的オープンなコンペで、世界中の建築家から46件の応募がありましたが、新たなコンペは条件上必然的に狭き門になってしまっていました。

海外では、これだけの規模のプロジェクトならばアジア中のゼネコンに機会を開くべきではないのかという批判がありました。なぜ日本だけにマーケットを閉じるのか、と。また、国際コンペの規定に沿うと、1等案がキャンセルになったのならば、通常は2等案、または最終選考に残った案から選ぶべきではないのかという意見もありました。

—— かなり最後まで踏ん張ったのですよね。

そのころちょうど日本にいて、明後日にはパリに帰るというギリギリまで駆けずり回りました。すべての手を尽くし、結局パリに戻らざるを得なかったのですが、その後3社がJVで伊東豊雄さんと組んだということがわかった。もはや残ったゼネコンがないという状況でした。コンペの結果、隈さんの設計案が1等を取りました。

—— 田根さんは、「古墳スタジアム」のデザインで再挑戦するつもりだったのですか。

そうです。あの状況の中で、古墳というアイデアを再度勝負にもち込みたかった。古墳という構想を面白いと言ってくれる人もたくさんいました。当然、1〜2か月で計画をかなり具体化しなければならないこともわかっていました。そのために日本でも仮事務所をつくろうと場所まで探し始め、かなり本気で勝負する体制を組む意気込みでした。

—— 日本でのことの進み方について、不信感をもちましたか。

当時はいろいろ思うところがあり怒っていましたね。悔しい気持ちもありますが、1964年の東京オリンピックの時代にはこれからの未来をつくろう

という気概があったのに、今はやる気がないのではという憤りもあります。もちろん、国際的に信用を失うような不透明な進行とものの決まり方にも気持ちの悪さが残りました。

―― 海外を拠点にしていることで損をしたと思いますか。

それは特にない。ただ、若手への期待や新しいものをつくろうというエネルギーより、安心、安全、実績、学歴、社会的信用などが日本では比重が高く、ものごとは決まってしまうのだと痛感しました。エストニア国立博物館では、名もない若者のアイデアに賭けて未来を見いだしてくれたのに対して、日本の重たい社会状況はすごく残念に感じた。

―― それから約3年経った2018年9月、渋谷に計画中の「スクランブルスタジアム」に採用が発表されたのは、森に包まれた田根さんのスタジアムの構想デザインです。敗者復活に見えますが、どんなスタジアムになりますか。

小池百合子都知事主宰の東京都未来ビジョン懇談会で知り合った長谷部健渋谷区長とのつながりで、渋谷未来デザインから相談を受けました。代々木公園の角地にスポーツとエンターテイメントができるアリーナの構想を進めていて、それに関わって欲しいとのことでした。新国立競技場の古墳のアイデアに関心をもたれたようです。ただ、古墳は外苑あってのアイデアだったので、東京に戻るたびに議論を重ねて、新たなビジョンを練りました。先日、やっと公に発表となりましたが、スポーツと渋谷のストリートカルチャーと公園が混ざり合うような21世紀の森のスタジアムをつくろうというのがコンセプトです。今の段階では、計画に至る前の構想段階で協力しているという状態です。

—— そのほかにも、日本で公共建築や商業建築のプロジェクトが進んでいます。日本で手がけているプロジェクトについて、どんな感想をもっていますか。これは言いたいというポイントはありますか。

これまでプロジェクトを経験していくなかで、一番信頼できると感じたのは日本の手仕事や技術力の高さですね。ほかの国が及ばないすばらしいものがある。一方で、そうしたものづくりと、ものごとをコントロールする管理体制とのアンバランスさが気にかかります。ものづくりの世界は毎日の仕事の仕上がりによって成り立っている。いわば前に時間が進んでいきます。一方、施工管理ではコストや工程を先回りし、すべてを想定内で収められるように細かく逆算していく。それが、設計や現場のプロセスがどんどん息苦しくなるようなものの詰め方になっているのです。そういう管理側のやり方によって、つくる側である設計者や施工現場が疲弊していると感じます。この割り算的な状況は今後さらに厳しくなりそうです。現場がますますやりきれない感じになっていくことに対して、僕は闘いたいと思っている。

—— コストと工程を抑えるのは一見正しいことのように感じられますが、それがやりすぎということでしょうか。

もちろん予算と時間は大切です。しかし、日本では集団として時間とお金を信用しすぎていて、それが絶対的なものになっている。プロジェクトの目的はそれだけでなく、芸術性、文化性、経済性、歴史性などで達成すべきものがあり、そのビジョンがつくる側とクライアント、役所、市民社会で共有されるはずです。しかし、日本では建築がどんなものかが決まる前にプロジェクトの予算と時間が決定していることが多く、建築の価値が共有されにくいのです。

—— すると、建築家にも皺寄せが来るのでしょうか。

建築家は守られていないことが多いですね。「デザインはいかようにも変えられるでしょう?」といった感じで。デザインや建築の価値を議論する以前に、性能を最小コストで実現する「VE(バリュー・エンジニアリング)、CD(コストダウン)」で削りましょうと言われたりする。

—— ヨーロッパでは、そのあたりの関係はどうなっているのでしょうか。

建築家と施主との関係が強いのに加えて、施主も見積もりに対して非常に厳しい。施主と施工業者の間に見積もりを精査する別の施主代理が入り、見積もりで不適切なやりくりができないように値段が全部チェックされます。この経緯があって初めて、この建築を実現するためにはどれくらいの時間と予算が必要だと算出され、そこから施主側も時間の確保と予算の調達に動き出します。ちゃんとしたものづくりの時間に則った方法で決定が下される。ヨーロッパでは多くのプロジェクトが時間や予算、政治的理由でキャンセルになるケースも多々ありますが、その場合でもしっかりとした議論が行われます。

—— 日本では、まずはきっちりとお金と時間を管理しようというその姿勢が、極端な効率化へ向かっているということですね。

ここ1年3か月ほどの間、小池都知事が主宰する『東京未来ビジョン懇談会』に参加していました。高校生から40代半ばまでの各界の人びとが集まって、東京の未来を考えようという月例会です。そこで考えたのは、成長を続けてきた近代日本の政治経済社会がいきなり成熟に向かうのは難しいということです。下手をすると衰退も現実的にはあり得る道で

す。ただ、もし未来があるとすれば、成熟や衰退ではなく、「成長から発想の時代」に向かうことではないか。発想の転換によって、多くのものごとが変わるんじゃないかというプレゼンもしました。今この転換期で何かを変えないといけないという危機感があります。

プロジェクト

あきらめたら、もう絶対勝てません。
勝てるチャンスは限りなくゼロでも、
あきらめさえしなければ結果はわからないですからね。

—— 現在、かなりたくさんのプロジェクトを手がけていますが、具体的にはどんなプロジェクトが進行中ですか。

フランスでは、先に挙げたフレンチレストラン、フォンテーヌブローの森の近くの別荘、パリにある大きなアパートの改装、そしてパリ市庁舎前の展示パビリオンと風呂敷の展示デザインが進んでいます。古い建物を改修して美術館にするというコンペにも参加します。スイスでは画家バルテュスのチャペルをアートスペースにするというプロジェクトがあり、ローマでは古い修道院を現代アートスペースにしたブラマンテ美術館での展覧会にアーティストとして招聘されています。ニューヨークでは、エンパイアステイトビルの中にあるシチズンのアメリカ本社のショールーム。もう1件、店舗の改装をやるかもしれません。日本では、青森の弘前市芸術文化施設が建設に入っており、京都で美術館とホテルを含む複合施設、都内では新しい住宅が始まろうとしています。あとは、横浜の駅ビルの

商業施設全館の公共空間や京友禅の老舗の千總本社ビルなど新築、増改築のプロジェクトがいろいろ進んでいます。東京の建築倉庫ギャラリーの展覧会会場構成、シチズンの100周年記念に合わせたイベントの会場デザインもやっています。日本ではあと地方で数件、施設を設計するプロジェクトが進むかもしれません。ブータンで5つ星ホテルをつくろうというプロジェクトの話もあります。全体として20数件のプロジェクトが進行中です。

—— プロジェクトは、知り合いの方からの依頼が多いのですか。

やはり近しい方が紹介してくれることが多いです。僕は建築家のキャリアとしてはまだこれからです。それでも、海外で遠いけれどもどうにかしてできないかというのも含めて、可能性を感じて頼んでくれるのが半分以上じゃないかと思います。

—— 依頼主は、田根さんの作品を雑誌などで見て決めたという感じですか。

意外と見ていない人が多い（笑）。なんとなく人柄で、みたいな場合もあったりして……。

—— わかる言葉で説明してくれる人なんじゃないか、コミュニケーションがうまく取れそうだなという印象があるのかもしれませんね。

どうなんでしょうか。ただ、僕たちの姿勢として、一方的にこれしかできませんというのは一度も言ったことがない。聞くだけは聞きます。あとは、リサーチを繰り返して掘り下げ、そのプロジェクトにどう役立てるかをいつも探っている。だからあまり変な疑いが生まれないのかもしれません。

一生懸命さも伝わるのかもしれません。

—— リサーチの過程や内容は、施主とはどれくらい共有しますか。

全部見せるんですが、よくわからないという感じはあると思います。ポカーンとされることも少なくない。「そんなこと頼んでいないんだけれど、結果を見てみたらそういうことだったのか」ということはあるようです。リサーチをプレゼンしている間、相手の「?」が見えていてもひたすら説明し続ける時もありますね。

—— 建築家に依頼することに慣れている施主ばかりではないですよね。

そうですね。例えば、シチズンに最初のプレゼンでビッグバンとは何か、時間とは何かといった話をした際、「こんな大きなこと言われて、大丈夫か?」と不安だったようです。最終的には、光というエネルギーが時計を動かすというコンセプトにつながって、「そうでしたか」と納得してもらえました。

—— それにしても、同時進行しているプロジェクトは、その段階もタイプも国も異なります。うまく同時進行させるためのコツは何ですか。

もちろんスタッフを信頼して頼んでいる部分もいっぱいありますが、基本的にはチャンネルのように思考を切り替えて進めています。ある時間すごく集中していたものをそこで切り、サッと次のところに行って次のことをやるみたいな感じです。ズルズルと考え続けるとにっちもさっちもいかなくなりますが、まず今日明日にもやらなければならないこと以外は、一度切り替えてみる。今は逆に、ひとつのことをずっとやっていくことの方ができな

くなっているかもしれません。良くいえば複数のことを同時進行できるけれども、ある種散漫な思考回路なんですかね。サッカーをやっていた時のように、走りながら考え、また次のことをしながら考える、思考と行動を行ったり来たりしながら続けている感じです。

—— 2015年に田根さんがディレクターを務めた「建築家フランク・ゲーリー展」（21_21 DESIGN SIGHTで開催）の企画でご一緒した際、展覧会の建て付けはもちろんのこと、ほかのプロジェクトのためのミーティングも重なっているなかで、ギリギリ最後に内容的にも複雑なビデオが面白く出来上がってきたのには驚きました。すごい持続力です。

あれは、きつかったですね。最初はゲーリー事務所のNGが入り、それをやらせてくれと交渉し、チェックももらいつつ、編集や文字校正をオープニングのギリギリまでやっていた。そういう意味ではあきらめが悪いのかもしれません（笑）。多分それはサッカーから来ている。最後に勝てば勝ちだ、と。あきらめたら、もう絶対勝てません。勝てるチャンスは限りなくゼロでも、あきらめさえしなければ結果はわからないですからね。

—— 体力にも支えられた。頭の体力もあった。

基礎体力ですかね。うーん、自分のことはわからないですね。ああ強いのか、みたいな……。

—— 『建築家フランク・ゲーリー展』は、三宅一生さんとの出会いから始まったものでしたね。

そうです。ある日三宅さんの事務所から連絡が来て、初めてお会い

しました。そこで三宅さんのゲーリー氏との深い親交を聞き、21_21 DESIGN SIGHTでの展覧会ディレクションを引き受けました。「まずゲーリー氏に会いに行ってください」ということで、ロサンゼルスへ。建築家がほかの建築家の展覧会の会場デザインを行うのもあまりないことですが、やってみるのもいいのではないかと、ゲーリー事務所でも背中を押されました。そしてミーティングの中で出て来たのが、「I have an idea.（まず、アイデアが浮かぶ）」で始まるゲーリー氏のマニフェストです。それを読んで、これこそが展覧会になると思いました。

―― 展覧会を経て、三宅さん、ゲーリー氏との出会いから田根さんはどんな影響を受けましたか。

「アイデア」の力を学びました。そのアイデアとは、ちょっと思いついて「こういったデザインになりました」という表面的なものではなく、もっと具体的で力強く、世界を変える信念につながったものなんです。三宅さんは、ファッションよりも「服づくり」を語り、ゲーリー氏も自作を建築ではなく「building」と呼ぶ。ふたりともに徹底した現実主義者である。ここは、デザインがいいとか悪いとかではなく、アイデアの力が強いかどうかが試される世界なんだ、ということを学びました。

―― 著名なアーティストとの出会いという点では、小澤征爾さんのサイトウ・キネン・フェスティバルのための舞台デザインもありました。

2011年にサイトウ・キネン・フェスティバル松本の20周年を記念して企画されたオペラ「青ひげ公の城」です。振付・演出として白羽の矢が立った金森穣さんから声をかけられました。2週間、松本に住んで最後の準備に臨みましたが、もう建築でやっていけないのではないかと感じる

ほど、打ちのめされた体験でした。1年かけてつくって来たものが、最後の最後までダメ出しを食らう。理由は、6メートル高の7枚の扉に透けて見える継ぎ目でした。各扉は巡回公演のために運搬できるよう物理的な理由で分割されているのですが、それが裏目に出た。小澤さんからは「この前では棒は振らない」とすら言われました。最終的には、溶剤まみれになりながら紗幕を張ったりして解決したのですが、1本の線を巡って、自分の中でこれだけの尊敬と憤りと恐れの感情がひとりの人物に対して渦巻いたことはなかったですね。本当に人間として成長させてもらった体験でした。

—— その体験は、これまでにない高いレベルを求められたということだったのでしょうか、それとも、理不尽な要求を突きつける施主の存在を感じさせた出来事だったのでしょうか。

その両方でしょう。頑固で、自分自身に絶対の信頼を置いている人物を相手にしたということがひとつ。でも、それ以上に、ワールドクラスの仕事をする人だけがここにいるべきなのだという、強さを求められたということです。妥協なんか許さない。このクラスで仕事ができないのなら、ここに立つべきではないのだと感じさせられた。

事務所を運営する

厳しいからこそ高いレベルに達成できる。
自分たちがそこまでできるという実感をもって、
初めて楽しめると思うんです。

—— エストニア国立博物館のコンペで1等を取った際にパリで共同創設したDGT.は2016年末で解散し、2017年初頭に自身の建築事務所「Atelier Tsuyoshi Tane Architects」をつくりました。解散の理由は何ですか。

10年間パートナーのダンやリナとともに事務所を運営していくなかで、建築に対する考えや人生の方向性が違ってきました。それでエストニアの完成を機に、それぞれ自分たちの道を進もうと決めて解散に至りました。日本の仕事も多々ありましたが、同じパリを拠点に選んだのはこれからも世界を舞台に建築をつくりたいと思ったからです。「アトリエ」と「アーキテクト」というふたつの言葉を事務所名に入れたのは、ものづくりの場所であると同時に、未来をつくる仕事をやるんだという思いがあったからです。

—— 現在のスタッフは何人ですか。事務所を大きくしたいと思いますか。

独立して事務所を始めた当初は16人でした。DGT.の僕のチームにいたスタッフは全員一緒に来てくれました。当初はスタッフの人数は1年後には20〜25人になり、その後30人くらいになればいいなと思っていましたが、今すでにオーバーしています。プロジェクトを進める上で、悩んだりやり直したりする時間も重要だと思っていて、そのため効率は良くないのですが、このくらいの規模を保ち密度を上げていきたいと考えてい

ます。プロジェクトを少しずつ増やしても実感がもち続けられるのならば、もう少し大きくするかもしれません。でも、今のところは一つひとつのプロジェクトの密度と内容を確保する方が大事で、数を追い求めなくていい。

—— 自分自身がすべてのプロジェクトに直接関わっていなければならないと思いますか。それとも、スタッフにある程度任せて進めていますか。

基本的には、自分が実感のもてる範囲で信じられるものがつくれる環境を保ちたいと思っています。それがなくなったら厳しいですね。その場合は、試行錯誤をしてやり方を変えようと思います。必ずしも自分が手を加えるのではなく、言葉を通して「こういうことに挑戦したい」とか「こういうことを探して欲しい」と伝えて、スタッフの手を貸りたり。そうでないと今後、さまざまなプロジェクトをこなせなくなる。とはいえ、スタッフとともにチームとしてのモチベーションを高くもって楽しく仕事できるのは、この規模がギリギリかなという気もします。

—— 日本に行くなど出張も多いようですが、いなくてもスタッフとやりとりしながら、事務所はちゃんと回っているという感じですか。

今はだいたい月に1回、多い時は2回日本に行っています。滞在は1週間〜10日近くなので、3〜4分の1くらいが日本です。あとは、ヨーロッパや海外出張が入りますが、半分くらいはパリにいるようにしています。つまり半分はパリにいないということで、ちょっとまずいなとも感じています。

—— どんな事務所にしたいと考えていますか。

最初の1年は全員でチームワークをしっかりやっていこうとしました。特に

10か国くらいのインターナショナルなスタッフが集まっているので、いい仲間となるためのチームづくりをしました。僕は、マルチナショナルな環境はすごく好きなんです。同じ対象を見ていても、思いもよらないような議論が出てきたりする。文化的、社会的、政治的、思想的な背景が異なるチームならば、グローバルにも価値のあるコンセプトが案出できるはずです。

—— 具体的な組織図はどのようになっていますか。

2年目の今年からは、プロジェクトマネージャーというプロジェクト責任者を育て、彼らにリーダーシップを取ってもらうためにかなり厳しく指導しています。今のところはボスがひとり、プロジェクトマネージャーが6人いて、彼らの下にスタッフやアシスタントがついているという組織構成です。プロジェクトマネージャーからもスタッフに厳しく、プロフェッショナルにやるように言っています。

—— 厳しいというのは、具体的には何に対してでしょうか。

時間や態度やものごとの進め方まで、やるべきことがわかっていないと厳しくなれない。だから、プロとしての自分にプレッシャーをかけるという意味もあるんです。時間で言えば、マイペースでなら誰でも仕事ができるけれども、優れた建築家やアーティスト、ビジネスマンはみんな仕事が速い。自分でスピードが上げられるので、どこでもいい仕事ができる。また、スタッフは皆と仲良くする世代です。けれど仲が良いだけだと厳しさがなくなってしまいます。仲良くすることが目標になってしまいますから。多分僕は体育会系なのでしょうが、プロとしてのモチベーションをもつとか、厳しいからこそ高いレベルに達成できるということの楽しさを知っていると思う。自分たちがそこまでできるという実感をもって、初めて楽しめ

ると思うんです。その意味で、ちょっと厳しさがなくなってきたと思ったので、今年は「厳しく」をモットーにしている。

—— チームをプロとして底上げしたいということですね。

とりあえずシェアして「いいね」って言うのは誰でもできるけれど、「ダメ」と言えるかどうか、ですね。「いいね」ばかり言っていると意識が萎えていきますから。誰かが頑張ってつくったものでも、単純にダメなものはダメと言う。そのためには、見る目と厳しさをもっていなければならない。

—— そういう厳しさは、田根さん自身はサッカーをやっている時に学んだことですか。

高校生の時から、プロとは何かをいつも聞かされていましたね。自由だけれど、自分がプロになるという前提で24時間行動しなさい、と。みんなが当たり前にそうしていて、競争の世界で生き残れるか残れないかは日常的な問題だというすでに厳しい環境だったので、そうしたことにあまり違和感はないですね。厳しさは感染するので、今は厳しくしよう、厳しくしようとしています。

—— チームみんなで決めてやっていることはありますか。

毎週火、木曜日の午前中はコンピュータを使わないと決めています。コンピュータは一旦開けるとメールを出したり図面の続きを描いたりなど、やることが無尽蔵に出てきます。それを遠ざけ、白い紙を前にして何をやるべきなのかの整理をしたり、仕事のための心の準備をしたりする。あるいは手を動かして模型をつくったり、ミーティングで人と向かい合ったり

する。設計事務所としてのやり方に慣れてきた時に、そうではないものを
いつも求めていきたいと考えています。

—— 個人的には、コンピュータやインターネットにかける時間はどう管
理していますか。

極力見ないようにしています。コンピュータは最も効率の良い演算機で、
知りたいものをすごいスピードと量で教えてくれる。しかし多大な労力と
時間を吸うものでもあるので、エネルギーを奪われないように気をつけて
いますね。必要のない時はまったく使わない。1日7時間くらい寝て、さ
らにコンピュータを10時間使っていたら、1日の3分の2は寝ているか
コンピュータをしているかになってしまう。それは人生として寂しい。寝る
時間が削れないなら、コンピュータの時間を極力減らして3〜4時間に
すれば、人生の半分は世界に向けられる。僕はほとんどネットも見ない。
メールを読んでいなくて怒られることもありますけれど（笑）。

—— 事務所運営をするとかリーダシップについて考えるとかは、自分に
合っていると思いますか。それとも本当はもっとクリエイティブなことに
没頭したいですか。

没頭したい（笑）。銀行口座をしょっちゅう確認したりするのも嫌だけれ
ど、税理士さんとの打ち合わせもひとつの責任だと思っています。自分
たちが今クライアントからどれだけお金をもらっているのかは信頼や期待
の対価なので、ちゃんとチェックしなければならない。これだけもらって
相当のことをやっているか、と。その意味では、ビジネスとクリエーショ
ンはつなげておきたいと思います。でも、ひとりでやっているよりはチーム
ワークでワイワイとやり、いろんな意見を聞きながら仕事をするのはいい。

僕もそれによって考えるきっかけになるし、彼らに言葉が伝わらなければまだ考えがクリアーじゃないのだという実験台にもなってくれる。また、彼らが挑戦してくるものを乗り越える力が自分にもなければいけない。そういう意味では、人がいることによって自分の力が発揮される。そういうチームワークの力と信頼関係が僕は好きですね。

—— 新しいスタッフを雇う際も直接関わっていますか。

関わっています。給料交渉もあります。毎年スタッフ全員の個人面談もやり、スタッフが辞めるとか辞めないとかいう話し合いも、今のところは全部引き受けています。人を扱うことなので面倒くさいと言えば面倒くさいですが、そこも含めた責任があるんじゃないかと思っている。辞めたいと言っていたスタッフに、もう一度思い入れをもって人生かけてやって欲しいと伝えた後、相手が決心を変えて真剣に関わるようになってくれたこともありました。一歩ステージが変わったなとわかりました。単純に働く、働かないという以上に、僕なりの考えを伝え、それでもやっぱり自分の人生に行きたいのか、もう一度ここでやってみるのかを考えてもらうきっかけにできた、と。

—— 入所希望者の面接では、どんなことを聞きますか。

今は最終面接だけを僕がやります。どうしてここで働きたいのか、今までやってきたプロジェクトでは何が好きかとか、大した内容ではない。ただ、相当な人数を面接してきたので、2、3秒で判断しているようなところはありますね。好きだと言ったプロジェクトが本当に好きで、何かをちゃんと経験したことは回答から感じられる。凡庸な答えだと、今即席で考えたなとわかる。質問への反応で、だいたいのモチベーションが測れま

す。僕らのような規模では1人ひとりの手の力とやる気が大きく影響するので、人選びは真剣です。とはいえ、ちょっと違和感があるスタッフも入れるようにしているんですよ。そうしないとみんなが似過ぎてしまい、それも良くないので。ちょっと違っていても、大事なのはここでの仕事の考え方がわかるかどうか。いろいろ失敗もありましたけれど（笑）。

未来、自由
制約を超えて建築を考えるところに、
僕らに唯一与えられた自由があるんです。

—— 日本のプロジェクトも多いのですが、これからもパリを拠点にし続ける予定ですか。

日本には形だけの事務所を置いていますが、クリエーションはパリ1か所にして分散したくない。自分の集中力の問題もあり、ここにベースがあってすべてここから生まれているのがいいと感じます。パリ以外は日本も含めて外国だと思って、外国のプロジェクトは信頼できるローカルアーキテクトと組んで、連絡を取り合いながら現場を見てもらえればいい、そういうチームをつくるかたちでやっています。

—— パリでやっていこうと思った理由は何ですか。建築家にとってパリにいることの利点はどこにありますか。

パリに来て10年以上が経ち、だんだん良くなってきた感じがします。た

だ、好きか嫌いかと言えば多分嫌いな方に属します（笑）。最高で最低な街というか、ラブ＆ヘイトの両極端を感じるというか。でも、人生においてここで得られた経験はすごく大きい。やっぱりパリならではの出来事やチャンスがあり、特別な場所です。

—— それはどんなチャンスですか。

単純な話ですが、先だって参加した大きな記念式典は、普通では入れないフランス外務省の迎賓館で開かれました。そこにはフランスを代表する企業の社長らも来ていたり、およそ自分の人生で想像もしていなかったような歴史的な場所に居合わせたりする。またパリは歴史と文化の象徴で、それを重んじる価値観が今でも時代を構成している。そういう意味ではフランスはよく考えているなと思います。新しいとか流行っているという価値観とは違って、大都会のどこでも歴史を尊重し、それでいて憧れや好奇心ももっている。だから新しい提案でも、古いものと同じくらいの強度をもっていないとここでは認められない。そのように試される環境こそが、時代をつくっていくのだろうと思うのです。そのメンタリティからはすごく学んでいますね。

—— 反対に「最低」と感じるのはどんな時ですか。

日常的にはいろいろ面倒くさいことが多いですね。郵便物がなくなる、タクシー運転手が簡単な道を間違える、それで喧嘩になるとか。些細なイライラが積み重なる。建築家としては現場が遅いとか、施工の技術でも間違えが多いとか、現場の管理能力がないとか。ストライキも多い。すごくイライラしますね（笑）。議論ばっかりなのも効率が悪い。議論のための議論も多く、日本の会議と同じくらい非効率です。

―― 久しぶりにパリに来ましたが、展覧会の数や質がほかの都市とは比べものにならないくらい圧倒的だと感じました。

3〜4年前までは展覧会は面白くなかったんです。それが、ここ最近は密度がすごく高くなった。やっぱりパリは文化芸術の都だと感じます。2015年のシャルリー・エブド襲撃事件のテロ以降、不穏で重い空気に覆われていたのが、2017年にエマニュエル・マクロンが大統領に就任してからガラッと空気が変わった。大統領選では極右のマリーヌ・ル・ペンがどうなるか注目されていて、個人的にはそんなにバカな方向には行かないだろうという希望もあったものの、まさかマクロンが勝つとは誰も予想していなかった。しかし彼が選ばれた瞬間に、彼をリーダーにしていこうという機運がぐっと盛り上がり、やっぱりエポックメイキングな国だな、と。歴史を自分たちでつくり上げる、自分たちが時代を動かす力をもっているというこの国の意識を実感しました。

―― 事務所では英語が公用語ですか。

スタッフの大半はフランス以外の国から来ているので、コミュニケーションはほぼ英語になっていますね。ただ、フランスのプロジェクトはフランス語で打ち合わせしたり、話せる人同士は、フランス語やイタリア語やポーランド語や日本語で話したりしている。みんなそれぞれに、伝わる言語で話すという感じです。

―― 田根さん自身は、フランス語はできるんですか？

「Un petit peu（ほんのちょっと）」です。クライアントとのコミュニケーションぐらいは、会話やミーティングの中で覚えたみたいなフランス語を使っ

て何とかやっています。ちゃんと文法など勉強するために、どこかで時間をつくらなきゃと思いながら、そのままになっていますね……。

—— よく旅行していますね。高野山とかローマの修道院とか。

2017年はクリスマスをローマの修道院で、1週間後の年明けは高野山の宿坊で過ごし、キリスト教と密教を続けて体験しました。ローマは今年9月に修道院をアートスペースに改装したブラマンテ美術館での展覧会に参加することになっていて、その空間を見に行きました。クリスマスでもいいと言ってくれたので、そこのゲストルームに泊まり、運よくいくつかのミサを見ることができました。展覧会は「DREAM（夢と悪夢）」というテーマで、ボルタンスキーやアニッシュ・カプーア、ジェームズ・タレルらすごい現代アーティストが招聘されている。僕は「LIGHT is TIME」の展示をぜひやってほしいと言われています。高野山は、たまたま紹介されて密教の飛鷹全法（ひだかぜんぽう）さんというお坊さんに会ったら非常に感銘を受けました。ものごとが洗練されていくのが近代的な思想ならば、それは削ぎ落としていく禅的な考え方だが、現代のような多様性の時代は密教的です、という話をされた。密教は邪なるもの、負なるもの、毒なるものすべてを受け入れる、と。その場でどんな本を読めばいいかも教えてもらい、すぐに買って読みました。年末になって高野山へ行きたいと言ったら、ちょうど年末31日から年明け2日までなら大丈夫ということで、年越しだけれども行ってみよう、と。宿坊に泊まり、密教のお経や説法を聞き、奥の院を訪ねました。独特の世界観だなあと感動した。

—— 稀有な体験ですね。ほかにもいろんなところへ行っているのは、仕事のためですか。

基本的にはそうです。呼ばれて行くことが多い。知らないところだったりするので、そこでは極力歩いて現地を見て回る。旅行するのは好きです。しかも今はいい時代で、パッと行ってパッと帰ってくることができる。最近ではスリランカにレクチャーで呼ばれ、ジェフリー・バワの建築を見て回りました。そもそも、バワ建築と自分の建築を併せて話をして欲しいと依頼されたレクチャーです。バワ建築は良かったですね。大自然の岩場を削ってつくったヘリタンス・カンダラマホテルは建物の中に岩壁を取り込んでいるのですが、自然が強すぎてジャングルが再び建築を覆い尽くしている。もう建築が自然の中に入ったのか、自然が建築の中に入っているのかがわからない状態です。そこでは猿や大きなトカゲが走り回っていたり、コウモリが旋回していたりして、自然があれほど建築を侵食しているのを初めて目にしました。そんな過酷な状況なのに、ふっと横をみると、地元の人たちはみんな穏やかに暮らしている。その共存の仕方がいい。最初はビックリしましたけれど。

—— 最近は植物に対する関心が高まっています。建築もそれによって変わっていくと思いますか。

建築と自然の関わり方は、これからまだまだ考えなければならないこの時代の大きなテーマでもあると思います。それもただきれいな緑を植えてということではなく、自然と建築が強く拮抗すると面白いのではないかと。自然が強いと空間は大きく変わりますから。都市における自然の強さも大事です。そういう意味では、バワ建築はかなり面白かった。

—— 自分で選んで行く場所はどんなところですか。

本当は毎年1回、行ったことがない建築や街に行くのが自分のテーマ

なんですが、そういう旅はこの数年できていません。最後に行ったのは
2015年夏のアイスランドです。デンマークにいたころにアイスランドの写
真集を見て、別の惑星のような見たこともない風景が衝撃的だった。それ
で、当時やっていたコンペの提出を終えるやすぐに向かいました。草
木の生命感がまったく感じられない溶岩だけの大地や、大陸プレートの
裂け目のような風景を見たり、コケでフワフワに覆われた地面の上を歩
いたり。世界で唯一、一般人が入ることを許された火山の火口の中は、
赤や緑の地獄絵図のようでした。氷河期時代から続く氷河の上を歩い
て、温暖化でどれだけ氷が溶け出しているかを肌で感じたりもしました。
自分で勝手にその場で楽しみを見つけて回る。アイスランドは自分の中
ではベスト1、2かというほど良かった。

—— ところでファッションもユニークです。いつもリラックスしたやわらか
な素材のものを身につけていますね。

そうですね。楽チンな方が動きやすい。カチッとしたスーツを着ると緊張
するし、身動きが取りにくくなる。身体が自由にいられる方が好きなんで
す。サッカーをやっていた昔は基本ジャージーだったので（笑）、それも
結構残っているんでしょうかね。

—— ファッションは好きですか。

ファッションというよりも、服は好きです。というか、僕もものづくりをしてい
るので、質感も含めたモノ好きかもしれません。普通の既製服のTシャ
ツを着るよりも、デザイナーの人がつくった服は何かしら気分を変える力
をもっている。それこそデザイナーマジックですね。イッセイさんだったら
自由な気分、ヨージさんだったら肩や腰が重力に引っ張られ重心をもつ

感じ、皆川さんならやわらかくホワッとした幸せな気持になる。

—— 日本には東大、京大、東京藝大などなど数々の建築学科がありますが、海外で勉強し建築家になった田根さんはそうした教育ルートからは離れています。それによる不都合はありましたか。

なくはないですね。

—— 例えばどんなことですか。

日本で相談できる人がいない。施工会社をどうしようとか、こういう現場ではどう対処すればいいのかとか。もう20年近く海外に暮らしていて、それは自分の手探りや考え方でやるしかないわけです。でも逆に考えれば、それを超えた自由を得たとも言える。まあ、良かったことの方が多いかな、と今では思っていますね。建築事務所経験という面では、フランスでも働いたことがなかったので、業者とのやりとりなど通常のフランスのやり方もわからず、暗中模索です。その場その場で考えながらやっていくのは大変ですが、自分なりのやり方、考え方を模索することにつながった。その一方で、日本の現場の進め方やヨーロッパ各国での現場の考え方、進め方との違い、また展覧会や舞台芸術、デザインやアートなど多様な現場を経験してきました。この仕事ではオリジナリティの方が大切なので、自分の経験をチャンスだと捉えればいいと考えています。

—— 今はデザインが大変流行していて、これでもかと言うほど新しいデザインが出てきます。いったい形の必然性はどこにあるのだろうかと思うほどです。田根さんのチームは、リサーチと建築のビジョンがあったとして、それをどう外観や空間、ディティールに落とし込んでいくのでしょうか。

田根さんとして体得したやり方はありますか。

スタッフとも話しているのは、建築はコンセプトとディティールがあれば成立するということです。コンセプトはものの意味を考えることです。またディティールは、もののつくりを考え、こういう素材や材料を接合するというアイデアです。そのふたつさえしっかりとしていれば、いろいろな使い方がされてもどうにか乗り越えられるだろう。そういうざっくりした考え方です。逆にこのふたつがないと、「デザイン」という不思議な用語に絡め取られてしまう。こうデザインしましたとかこういうデザインなんです、というのはそれだけでしかない。デザインを信用するよりは、しっかりとしたコンセプトともののディティールがあればいい。

—— コンセプトをつくる時にリサーチをし、ある種の手がかりを見つけて、それに基づいて設計が進んでいきますよね。そうしてできた建築を建築家は言葉で説明し、建築の周りにいるわれわれも喜んで読んで納得する。しかし、そういう説明に関心がない一般の人たちにとって、建築の裏で尽くされる言葉は意味があるのでしょうか。

基本的にはあると思いますね。やはり僕たちの仕事は考えることなんです。結局、すべて考えたものしか形にならない。基本的には、思考が物質化していくことを仕事としていて、どれくらい考えているのかは一般の人にとっても裏切らないのではないかと、今までやってきたなかで実感しています。

—— 出来上がったものに、その思考が感じられるということでしょうか。

結局出来上がるのはモノでしかありませんが、僕たちがそこに注いだエ

ネルギーは絶対裏切ることがない。それは建築家だけではなく、つくる人も含めてのエネルギーです。そこの力は信じていいと思っている。逆を言えば、プレゼンテーションでただベラベラ喋るというのはあまり意味がない。言葉や理論ではなく、思考の方が大事だからです。ものには意味があり、こちらが本気でそうだと信じて注いだ思考の時間とつくるエネルギーは必ず伝わり、これだと決めた意志の強さは使う人にも伝わるはずです。見た目や形だけのものはつくった時間が入っていない。一方、使いながら日々喜びを感じるものには本質がある。それがデザインの本来の力であるならば、僕は色や形という見た目のデザインにはあまりこだわりがないですね。

―― 先ほどのディティールですが、インテリアの技との違いは何でしょうか。それに陥らないようにするにはどうするのでしょうか。

建物はモノによってつくられていて、物質がもっている力がある。そのモノが選ばれて組み合わせられて構築されていること、そこに「ある」という存在感があるかどうか。つまり仕上げや物量ではなく、質感。質感と空間は一体化しているので、質感はわからなくても空間のありようは誰でも感じられると思うんです。空間にプロポーションを与えることができるのは建築の仕事です。ここにいるとそわそわするとか、なんか落ち着く空間だなとか。それは直感的に人に伝わる力があると感じています。

―― 田根さんのチームもコンピュータを使ってリサーチすると思いますが、今や簡単に手に入るようになった膨大な情報量と建築との関係はどう見ていますか。

そこはすごくポジティブに見ています。これはもう止まらない流れでしょう。

記憶のリサーチをやって知ったのですが、2年ごとに98％以上の情報が過去の情報量を刷新してしまう。すると量だけで言えば、99.9％以上の情報は人類が何千年、何万年の歴史の中で培ってきたにもかかわらず、膨大な新しい情報の中に埋もれてしまうことになるわけです。ただ、その0.1％以下の情報にこそ本来の価値があるのではないか。同時に、これだけの膨大な情報量に人類史上初めて直面している。すなわち、AIより人間の脳も成長しろと言われているのではないでしょうか。まだまだ使える部分がたくさんあるというだけでなく、ものの理解や認識の方法が変わろうとしている。例えば、グーグルマップでも必要なのは現在位置と目的地点だけで、どこの角を曲がるといったプロセスは省かれる。そもそもあらかじめ地図を理解することが必要ない仕組みに変わりつつあります。脳の仕組みを変革する時代への、今は過渡期かなと思います。社会でも、今までのようなインフラの仕組みはどんどん削られて変化していく。他方、思考がデジタル化しやすく、刺激の量も大きいので、驚いたり悲しんだり脳がシンバルみたいに反応しやすくなっている。炎上したり、すぐ騙されやすくなっているのではと思います。

—— 田根さんは記憶を通して建築を考えるわけですが、未来に対して建築家ができることは何だと思いますか。

これまで未来には向き合ったこともなかったのですが、この2、3年はやっぱり未来のことを考えていかなきゃならないという意識が出てきました。これから時代がどんどん前進していくということはなく、見通しはけっこう悲観的なのですが、あきらめればいいということでもない。もっと違う未来をこの世代が頑張って考えなければならない、と使命感を抱くようになったのが未来への意識の芽生えです。ひとつは地球温暖化でエネルギーが高まり、突然集中豪雨が起きたりする環境で、建築がどこに向か

うのかという問題。外と内を閉じて温度調整や光や水をシステムでコントロールされるようなのが未来の生活かというと、何か違う。別の方向性が出てこなきゃならないんじゃないか。

—— 凄まじい速さで環境が変わっていますね。

また、新しいものは必ず古くなるという運命があるわけですが、建築の良さは新しいか古いかではなくて、長く残っていくことなのではないか。そうすると、新しさだけを追い求めて、存在もしないのにそれを探してつくり続ける未来よりも、失くしてしまったものをもう一度掘り返して生まれてくる未来の方が強いのではないでしょうか。そういう意味でも「記憶」が重要なテーマになる。単純に新しい建物なのではなく、人類がもってきた記憶を建築にできた時に、より多くの人に伝わり世代を超えられるのではないか。だから、未来を生み出すためにこそ記憶が原動力としてあるんじゃないか。それが、特に考え方として最近変わり始めたところです。昔は場所の記憶にこだわり、過去にあったものが未来をつくることができると思っていたのですが、そうではなくて、場所がもっている記憶はそれにちゃんと力を与えた時に未来を生み出す原動力になるのだ、と。

—— 建築家は施主から頼まれて仕事が成立します。その中にどう自由を発見しますか。

そうですね。僕は建築と建物は違うものじゃないかと思っています。施主からの要望や予算、法律などは建物をつくるために必要なことで、それらは制約です。しかし、それを超えて建築を考えるところに、僕らに唯一与えられた自由がある。結果的には家として成立しているのですが、そこに至る前にどこかの僻地の乾燥地帯の住宅が面白いとか、湿

地帯の暮らし方はどんなものなのかとか、僕たちが勝手に発想する。そういった構想を練ったり、新しい時代と社会のために何ができるかを考えたりする未来へのビジョンこそ、建築家の最も大事な部分じゃないかなと思います。建物をつくるためには確かに制約があるけれど、建築家はもっと自由に未来をつくるんだという意思こそが、僕が今、建築をつくる方法です。プロジェクトのためにチームと一緒にリサーチをやるのは、現実の制約の中でも建築を生み出せる自由を謳歌するためなのです。

田根 剛

建築家。1979年生まれ。Atelier Tsuyoshi Tane Architectsの代表とし
てフランス・パリを拠点に活動。現在ヨーロッパと日本を中心に世界各地で
多数のプロジェクトが進行している。主な作品に「エストニア国立博物館」
(2006–16)、「LIGHT is TIME」(2014)、「Todoroki House in
Valley」(2017–18)、「(仮称)弘前市芸術文化施設」(2017–) など。
フランス文化庁新進建築家賞 (2007)、フランス国外建築賞グランプリ
(2016)、第67回芸術選奨文部科学大臣新人賞 (2017) など受賞
多数。2012年よりコロンビア大学GSAPPで教鞭をとる。

瀧口範子

フリーランスのジャーナリスト。上智大学外国学部ドイツ語学科卒業。シリ
コンバレー在住。テクノロジー、ビジネス、政治、社会、文化一般に関す
る記事を新聞、雑誌に幅広く寄稿する。著書に『行動主義:レム・コー
ルハース　ドキュメント』(TOTO出版 2004、朝日新聞出版社 2016)、
『にほんの建築家:伊東豊雄観察記』(TOTO出版 2006、筑摩書房
2012)、『なぜシリコンバレーではゴミを分別しないのか?』(プレジデント
社 2008)、訳書に『コールハースは語る』(筑摩書房 2008)、『ザハ・
ハディッドは語る』(筑摩書房 2012)、『人工知能は敵か見方か』(日経
BP社 2016) などがある。

[写真クレジット]
カバー:Atelier Tsuyoshi Tane Architects
上記以外:瀧口範子

関連書籍

エストニア国立博物館、新国立競技場案 古墳スタジアムから最新作まで、主要17プロジェクト。これまでの活動をまとめた初の作品集。

『田根 剛建築作品集　未来の記憶』
著：田根 剛　発行日：2018年10月24日　発行：TOTO出版
320ページ、304×228mm、日本語・英語　ISBN 978-4-88706-376-1

田根 剛　アーキオロジーからアーキテクチャーへ

2018年10月24日　初版第1刷発行

著　者　田根 剛、瀧口範子
発行者　加藤 徹
発行所　TOTO出版（TOTO株式会社）
　　　　〒107-0062 東京都港区南青山1-24-3
　　　　TOTO乃木坂ビル2F
[営業]　TEL：03-3402-7138　FAX：03-3402-7187
[編集]　TEL：03-3497-1010
　　　　URL：https://jp.toto.com/publishing

デザイン　林 琢真、鈴木晴奈（林琢真デザイン事務所）
印刷・製本　東京印書館

落丁本・乱丁本はお取り替えいたします。
本書の全部又は一部に対するコピー・スキャン・デジタル化等の無断複製行為は、
著作権法上での例外を除き禁じます。
本書を代行業者等の第三者に依頼してスキャンやデジタル化することは、
たとえ個人や家庭内での利用であっても著作権上認められておりません。
定価はカバーに表示してあります。

© 2018 Tsuyoshi Tane and Noriko Takiguchi
Printed in Japan
ISBN978-4-88706-375-4